FRANCE

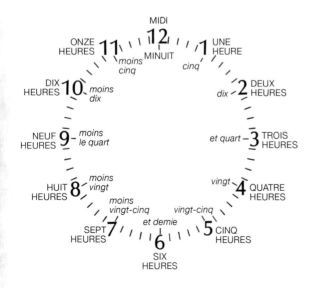

Les nombres 1—20

1	un	11	onze
2	deux	12	douze
3	trois	13	treize
4	quatre	14	quatorze
5	cinq	15	quinze
6	six	16	seize
7	sept	17	dix-sept
8	huit	18	dix-huit
9	neuf	19	dix-neuf
10	dix	20	vingt

Les adjectifs de couleur

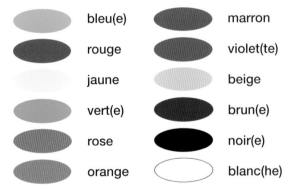

bleu(e)

rouge

jaune

vert(e)

rose

orange

marron

violet(te)

beige

brun(e)

noir(e)

blanc(he)

Les jours de la semaine

lundi

mardi

mercredi

jeudi

vendredi

samedi

dimanche

Les saisons	Les mois de l'année
l'hiver	janvier
	février
	mars
le printemps	avril
	mai
	juin
l'été	juillet
	août
	septembre
l'automne	octobre
	novembre
	décembre

H · KURAKATA

T · TROUDE

C'EST LA VIE!

③

SŌBI-SHUPPANSHA

まえがき

　この本は《C'est la vie !》シリーズの第3巻です．各課の構成や学習の要領は第1巻，第2巻と変わりありません．「フランス語を楽しく学びながら，調和のとれた総合的な語学力を確実に身につけること」を目標に，次のような点に配慮して作成しました．

◆平易で自然な日常フランス語

　各課の DIALOGUE〔会話〕を始め文法解説用の例文や練習問題にも，すべて平易で自然な日常フランス語が使われています．とりわけ DIALOGUE のエスプリに富んだ生き生きとした会話は，物語の展開の面白さとともに，学習の興味を倍加させることでしょう．

◆文法の段階的で着実な習得

　DIALOGUE と見開きになっている GRAMMAIRE〔文法〕のページでは，DIALOGUE で使われた表現から各課3つずつの文法事項が取り上げられて，図表と補充例文でわかりやすく解説されています．ページの右側には日本語の説明も添えられています．

◆筆記・口頭による実効のある練習

　その課で学習した事柄を EXERCICES ÉCRITS〔筆記練習〕で確かめ，EXERCICES ORAUX〔口頭練習〕で知識の定着と会話力の養成をはかります．スムーズに応答できるようになるまで繰り返し練習することが大切です．

◆応用・発展

　語学力の一層の向上とコミュニケーション能力の体得のために，APPLICATIONS〔応用〕（学習した知識をもとに自分で文を作りだす），VOCABULAIRE-EXPRESSIONS〔語彙・表現〕（テーマ別の関連語句とミニ会話），LECTURE-DICTÉE〔読み取り・書き取り〕が組み込まれています．

　なお，学習上の余分な負担を軽減し，貴重な学習時間をより有効に使えるよう，この第3巻にも「学習の手引き」を付けました．

　では，《C'est la vie !》シリーズ最後の物語を楽しんで下さい！

著　者

TABLE DES MATIÈRES

各課の構成

1 (左)ページ	Dialogue （会話）
2 (右)ページ	Grammaire （文法）
3 (左)・4 (右)ページ	Exercices écrits （筆記練習）
4 (右)ページ	Vocabulaire-expressions （語彙・表現）
5 (左)・6 (右)ページ	Applications （応用）
7 (左)・8 (右)ページ	Exercices oraux （口頭練習）
8 (右)ページ	Lecture-dictée （読み取り・書き取り）

音声について

この教科書には下記の要領でCDが二枚用意されています.

◆録音箇所：録音印 A-3 のある箇所．番号は頭出し番号.

◆声の出演：エストレリータ・ワッセルマン / ベアトリス・ドゥレーグ / アラン・ロメンスタン /
　　　　　　セルジュ・ジュンタ / ジャン=クロード・ヴェスイエール / ベルナール・レウルス /
　　　　　　ティエリー・トルード / フィリップ・ジョルディ

　　▶なお，音声は http//www.sobi-shuppansha.com にアクセスすると，スマートフォンによりオ
　　　ンラインで聞くことができます.

C'EST LA VIE!

3

Leçon un

QUELLE JOURNÉE !

DIALOGUE [A-2] [A-3]

Le garçon	:	Ça va, chef?
Christian	:	Ah, là, là! Quelle journée! Avec ces embouteillages, on n'avance plus. Donne-moi donc un demi. J'en ai besoin, moi, après avoir couru comme un fou dans tout Paris...
Le garçon	:	Un demi!
Daniel	:	Oh! Christian! Comment ça va?
Christian	:	Tiens! Salut, Daniel.
Daniel	:	Tu es passé à la rédaction?
Christian	:	Non, j'ai rendez-vous avec Sophie. Elle n'est pas encore là?
Daniel	:	Non, je l'ai pas vue.
Christian	:	Je lui ai téléphoné avant de venir, mais comme elle avait une réunion, elle n'a pas pu me fixer d'heure.
Daniel	:	Elle ne va sûrement pas tarder. Ça marche, le boulot?
Christian	:	Tu plaisantes, ou quoi? Je passe mes journées dans les embouteillages, moi, à cause de cette grève des transports.
Daniel	:	Ah, ça! Ni bus ni métro... enfin, presque. Moi, maintenant je me déplace à moto.
Christian	:	T'as bien raison. Je vais en acheter une, moi aussi. Ça peut plus durer. Au moins, en moto, tu ne t'occupes plus des embouteillages, ni des problèmes de stationnement. Le rêve!
Daniel	:	Tiens, regarde, voilà Sophie.

1. 原因・理由の表現 ① (*L'expression de la cause* 1)： [A-4] comme / avec / à cause de

Comme elle avait une réunion, elle n'a pas pu me fixer d'heure.
Avec ces embouteillages, on n'avance plus.
Je passe mes journées dans les embouteillages, moi, *à cause de* cette grève des transports.

(1) **comme ＋文** (*P*)
Comme il y a la grève des transports publics,
la circulation dans Paris est très difficile.

(2) **avec ＋名詞** (*N*)
Avec la grève des transports publics,
la circulation dans Paris est très difficile.

(3) **à cause de ＋名詞** (*N*)
La circulation dans Paris est très difficile
à cause de la grève des transports publics.

2. 時の表現 ① (*L'expression du temps* 1)： **avant de / après**
[A-5]

Je lui ai téléphoné *avant de venir*...
J'en ai besoin, moi, *après avoir couru* comme un fou dans tout Paris...

(1) **avant de ＋不定詞** (*Vinf.*)
Je vais finir mon travail *avant de* sortir.

(2) **après ＋不定詞複合形** (*Vinf. composé*)
Je sortirai *après avoir fini* mon travail.

Sophie viendra me voir *après être allée* à la réunion.
Nous bavardions souvent au café *après avoir vu* un film.

3. ni の用法 (*L'emploi de NI*) [A-6]

Ah, ça! *Ni* bus *ni* métro...
Au moins, en moto, tu *ne* t'occupes *plus* des embouteillages, *ni* des problèmes de stationnement.

Je ne bois pas de vin. Je ne bois pas de bière non plus.
→ Je *ne* bois *ni* vin *ni* bière.
→ Je *ne* bois *pas* de vin, *ni* de bière.
Elle ne retournera pas au bureau. Il n'y retournera pas non plus.
→ *Ni* elle *ni* lui *ne* retourneront au bureau.

1 comme...：
「…なので，…だから」．
原因・理由を表わす文を導きます．常に主節より前に置かれます．

◆ avec ～：
「～(なの)で，～だから」．
原因・理由を表わす名詞を導きます．特定の状況で使うことが多く，名詞には定冠詞，指示形容詞，所有形容詞などが付きます．

◆ à cause de ～：
「～のせいで，～のために」．
avecと同じく名詞を導きますが，原因・理由をより強調する表現になります．

2 avant de ＋不定詞：
「…する前に」．

◆ après ＋不定詞複合形：
「…したあとで」．
不定詞複合形は〈助動詞 avoir または être の不定詞＋過去分詞〉で作られ，「…した」という動作の完了を表わします．

3 niは「～も(…ない)」という否定の意味の接続詞で，次のような構文で使います．
① niを反復する．
ne... ni～ ni～：
「～も～も…ない」．
ne... plus ni～ ni～：
「もう～も～も…ない」．
この構文で直接目的語を否定するときは否定冠詞のdeを省略します．

② niを付加する．
ne... pas ～, ni～：
「～は…ない，～も」．
ne... plus～, ni～：
「もう～は…ない，～も」．
この構文で直接目的語を否定するときは否定冠詞のdeを省略しません．

◆ 主語を否定するときは，〈Ni～ ni～ ne...〉の語順になります．人称代名詞は強勢形を使い，動詞はふつう複数形にします．

A. Reliez les phrases en utilisant les expressions de la cause (COMME, AVEC, À CAUSE DE), suivant le modèle : (comme, avec, à cause de を使って，ひとつの文にしなさい．)

Modèle : Il y a beaucoup d'embouteillages. On n'avance plus.
> → *Comme* il y a beaucoup d'embouteillages, on n'avance plus.
> *Avec* les embouteillages, on n'avance plus.
> On n'avance plus, *à cause des* embouteillages.

1. Il y a la grève des transports. Christian perd beaucoup de temps.
   (Comme) ....
   (Avec) ....
   (À cause de) ....

2. Sophie avait une réunion. Elle n'a pas pu fixer d'heure.
   (Comme) ....
   (Avec) ....
   (À cause de) ....

3. Il fait très chaud. On va aller à la piscine.
   (Comme) ....
   (Avec) ....

B. Reliez les phrases avec AVANT DE + INFINITIF et APRÈS + INFINITIF COMPOSÉ, suivant le modèle. (〈avant de＋不定詞〉，〈après＋不定詞複合形〉を使って，ひとつの文にしなさい．)

Modèle : Christian a téléphoné à Sophie. Ensuite, il est allé au café.
> → Christian a téléphoné à Sophie *avant d'aller* au café.
> Christian est allé au café *après avoir téléphoné* à Sophie.

1. Sophie ira à sa réunion. Ensuite, elle verra Christian.
   ....
   ....

2. Daniel a bu un demi. Ensuite, il est retourné à la rédaction.
   ....
   ....

3. Sophie a fait des études de journalisme. Ensuite, elle est entrée à «Actuellement».
   ....
   ....

C. **Transformez les phrases en utilisant** NI... NI..., **ou bien** PAS [PLUS]... , NI..., **suivant**
le modèle. (ni を使って，ひとつの文にしなさい．1.と 2.は 2 種類の文ができます．)

Modèle : Il n'y a pas de bus. Il n'y a pas de métro non plus.
→ Il n'y a *ni* bus *ni* métro.
Il n'y a *pas de* bus, *ni de* métro.

1. Sophie n'a pas de frère. Elle n'a pas de sœur non plus.

....

....

2. Il est malade. Il ne doit plus fumer. Il ne doit plus boire non plus.

....

....

3. Les autobus ne roulent pas. Le métro non plus.

....

4. Tu ne peux pas aller à cette réunion. Moi non plus.

....

VOCABULAIRE-EXPRESSIONS

— Au café —

une bière (*pression / en bouteille*)
un demi, un demi panaché
un café, un express
un café au lait, un café-crème (= «un crème»)
un thé (nature), un thé *au lait / au citron*
un chocolat
un jus *d'orange /de pamplemousse, etc.*
un citron pressé, une orange pressée
une limonade, un coca, un orangina
une menthe à l'eau, un perrier-citron
une infusion (*de menthe / de tilleul, etc.*)

des eaux minérales : Évian, Vittel, Badoit, *etc.*
une glace (*à la vanille / à la fraise, etc.*)
un sorbet
«un ballon» (*de côtes du Rhône / de beau-jolais, etc.*)
un calvados (= «un calva»), un pastis
un sandwich (*au fromage / au jambon, etc.*)
un croque-monsieur, un croque-madame
une quiche lorraine
un hot-dog
une tarte (*tatin / aux fruits, etc.*)

A-7 «Qu'est-ce que vous prenez ?
— Un jambon-beurre et un ballon de côtes du Rhône.»
«Et pour vous ?»
— Un croque-monsieur et un demi, s'il vous plaît.»
«Vous avez des glaces ?»
— Oui. Vanille, fraise, chocolat, pistache...»

A. Christian et Sophie sont au café, à midi. Imaginez la conversation.
(クリスチャンとソフィがお昼にキャフェにいます．どんな会話をかわしているのでしょう？)

B. Jeu de rôles: un garçon de café et des clients. ——— Le garçon reçoit les clients, qui commandent. (寸劇：ギャルソンと客．—— ギャルソンは客をむかえ，客は注文をします．)

I. **Parlez suivant le modèle.** A-8

Modèle : Il y a beaucoup d'embouteillages. On n'avance plus. Écoutez Christian.

→ On n'avance plus, avec ces embouteillages !

1. Il y a la grève des transports. Vous ne pouvez plus travailler. Parlez.
    → Je ne peux plus travailler, avec cette grève des transports !

2. Vous avez acheté une moto. Vous ne perdez plus de temps. Parlez.
    → Je ne perds plus de temps, avec cette moto.

3. Il fait très beau. Vous n'avez pas envie de travailler. Parlez.
    → Je n'ai pas envie de travailler, avec ce beau temps.

4. Vous avez beaucoup de réunions. Votre travail n'avance plus. Parlez.
    → Mon travail n'avance plus, avec ces réunions.

5. Il y a trop de bruit. Vous ne pouvez pas dormir. Parlez.
    → Je ne peux pas dormir, avec ce bruit.

II. **Parlez suivant le modèle.** A-9

Modèle : Christian est venu, mais il a d'abord téléphoné à Sophie. Écoutez-le.

→ J'ai téléphoné à Sophie avant de venir.

1. Vous allez travailler, mais vous allez d'abord prendre un café. Parlez.
    → Je vais prendre un café avant de travailler.

2. Vous avez acheté une moto, mais avant, vous vous déplaciez en métro. Parlez.
    → Je me déplaçais en métro avant d'acheter une moto.

3. Sophie est entrée à « Actuellement ». Avant, elle n'avait jamais travaillé. Parlez.
    → Sophie n'avait jamais travaillé avant d'entrer à « Actuellement ».

4. Vous êtes venu(e) au cours, mais vous avez d'abord préparé les exercices. Parlez.
    → J'ai préparé les exercices avant de venir au cours.

5. Vous êtes allé(e) en France, mais vous avez d'abord étudié le français. Parlez.
    → J'ai étudié le français avant d'aller en France.

III. Parlez suivant le modèle. (A-10)

> *Modèle :* Christian a couru toute la journée. Maintenant, il a besoin d'un demi. Écoutez-le.
>
> → J'ai besoin d'un demi après avoir couru toute la journée.

1. Daniel a bu un demi. Ensuite, il a recommencé à travailler. Parlez.

   → Daniel a recommencé à travailler après avoir bu un demi.

2. Les employés ont obtenu une augmentation. Ensuite, ils ont repris le travail. Parlez.

   → Les employés ont repris le travail après avoir obtenu une augmentation.

3. Vous avez fait un an de français. Ensuite, vous êtes parti(e) en France. Parlez.

   → Je suis parti(e) en France après avoir fait un an de français.

4. Vous irez en France. Ensuite, vous parlerez beaucoup mieux. Parlez.

   → Je parlerai beaucoup mieux après être allé(e) en France.

5. Vous vous êtes couché(e). Vous vous êtes endormi(e) tout de suite après. Parlez.

   → Je me suis endormi(e) tout de suite après m'être couché(e).

LECTURE-DICTÉE (A-11/12)

Christian a rendez-vous avec Sophie dans un café situé près des locaux d'« Actuellement ». Il y rencontre par hasard un collaborateur de la revue, Daniel Clermont. Comme Sophie avait une réunion, elle n'a pas pu fixer d'heure à Christian. Celui-ci bavarde avec Daniel en l'attendant. Il se plaint de la grève des transports publics, qui l'empêche de travailler efficacement. À cause de cette grève, ni bus ni métro ne marchent, et Christian passe ses journées dans les embouteillages. Daniel, avec sa moto, n'a pas ce problème : il peut se déplacer facilement. Christian a bien envie de l'imiter et d'en acheter une, lui aussi.

Leçon deux

2

Il FAUT ARROSER ÇA.

Sophie	:	Bonsoir!
Daniel	:	Ça va?
Sophie	:	En pleine forme!
Christian	:	Ce qui me plaît chez Sophie, c'est son inconscience...
Sophie	:	Comment ça? Qu'est-ce qui se passe?
Christian	:	Ça, c'est la meilleure! Les syndicats paralysent la ville, et elle demande ce qui se passe!
Sophie	:	Attends! Devine ce qu'ils ont annoncé tout à l'heure à la radio.
Christian	:	Je ne sais pas, mais tu vas me le dire...
Sophie	:	Les transports publics recommencent à fonctionner demain.
Christian	:	C'est pas vrai! Enfin une bonne nouvelle! Il faut arroser ça. Un demi?
Daniel	:	Ah! Si c'est toi qui nous l'offres... Mais je ne reste pas longtemps, parce que j'ai encore du boulot, moi. Le patron m'a demandé un papier urgent sur la rentrée scolaire.
Sophie	:	Oui, je suis au courant. Il m'en a parlé. Tiens, puisque tu retournes au bureau, dis-lui que je l'appellerai demain matin vers 9 heures.
Daniel	:	D'accord, je le lui dirai.
		Au fait, tu as trouvé un appartement?
Sophie	:	Pas encore, non. Je cherche, mais c'est pas facile.
Daniel	:	Eh oui... Bon, allez! J'y vais. Merci pour le demi. À bientôt.
Christian	:	Salut.

1. ce qui / ce que A-15

Les syndicats paralysent la ville, et elle demande *ce qui* se passe!

Devine *ce qu'*ils ont annoncé tout à l'heure à la radio.

Ce qui me plaît chez Sophie, c'est son inconscience...

(1) 間接疑問節で (*Dans les propositions interrogatives indirectes*)

Sophie demande *ce qui* se passe.

← Sophie demande: «Qu'est-ce qui se passe ?»

(2) 関係詞節で (*Dans les propositions relatives*)

Ils ne sont pas d'accord avec *ce qu'*elle a dit.

← Ils ne sont pas d'accord avec ça. Elle a dit ça.

(3) **Ce qui / Ce que ..., c'est ...**

La grève des transports gêne tout le monde.

→ *Ce qui* gêne tout le monde, *c'est* la grève des transports.

Moi, je pense que la grève durera longtemps.

→ Moi, *ce que* je pense, *c'est* que la grève durera longtemps.

2. 目的語代名詞の位置① : 一般的な場合 A-16

(*La place des pronoms compléments* 1 : *cas général*)

Je ne sais pas, mais tu vas *me le* dire...

Ah! Si c'est toi qui *nous l'*offres...

Oui, je suis au courant. Il *m'en* a parlé.

D'accord, je *le lui* dirai.

me te nous vous	le la les	lui leur	y	en

―――×―――

3. 原因・理由の表現 ② (*L'expression de la cause* 2) : parce que / puisque A-17

Mais je ne reste pas longtemps, *parce que* j'ai encore du boulot, moi.

Tiens, *puisque* tu retournes au bureau, dis-lui que je l'appellerai demain matin vers 9 heures.

Pourquoi est-ce qu'il ne reste pas longtemps?

— *Parce qu'*il a encore du travail.

*Puisqu'*il n'y a pas de métro, on va prendre un taxi.

---

① ce qui＝後続する動詞の主語. ce que＝後続する動詞の直接目的語.

◆間接疑問節で.
ce qui...：「何が…」.
ce que...：「何を…」.

◆関係詞節で.
ce qui... / ce que...：
「…のこと[もの]」.

◆ Ce qui..., c'est.../
Ce que..., c'est...：
「…なのは…だ」.
文を2つの部分に分割する強調表現で, 日常会話でよく使います.

② 目的語人称代名詞および y, en を2つ連続して使う場合, 肯定命令文以外では, 左記のような語順になります.

◆ 1・2人称の代名詞 me, te, nous, vous は, 単独で用いるときは直接目的語にも間接目的語にもなりますが, 他の人称代名詞と併用するときは間接目的語としてしか使えません. したがって, 1・2人称代名詞を2つ並べたり, 3人称のlui, leur と組み合わせることはできません (en, y となら直接目的語として使えます).
〔1・2人称代名詞を直接目的語にする場合は, 間接目的語を <à + 強勢形> にして動詞の後に置きます : Il m'a présenté à elle. Il t'a recommandé à moi.〕

③ parce que...：「(なぜなら) …だから, …なので」. すでに知られている事柄について, その原因・理由を明らかにするときに使います. 独立節にもなりますし, Pourquoi...? に対する答にも使います (puisque や comme にはそうした用法はありません).

◆ puisque：「(事実が) …である以上, …なのだから」. parce que とは逆に, 相手が知っている事柄を理由や根拠として述べるときに使います.

A. **Complétez les phrases avec CE QUI ou CE QUE, suivant le modèle.**

(下線部に ce qui または ce que を書き入れなさい.)

Modèle : Christian ne sait pas *ce qu'*on a annoncé à la radio.

1. Pouvez-vous répéter .... vous venez de dire.

2. .... m'ennuie, c'est que j'ai oublié son numéro de téléphone.

3. Daniel va montrer au rédacteur en chef .... il a écrit sur la rentrée scolaire.

4. .... est pénible à Paris, c'est la circulation.

5. .... Sophie n'aime pas dans ce quartier, c'est qu'il est bruyant.

B. **Faites des phrases en utilisant deux pronoms en série, suivant le modèle.**

(2つの代名詞を使って答えなさい.)

Modèle : Tu peux dire au patron que je l'appellerai demain ?
— Oui, je *le lui* dirai.

1. Sophie annonce à Christian et à Daniel que la grève est finie ?

— Oui, ...

2. Avez-vous parlé de ce projet à vos parents ?

— Oui, ...

3. Tu ne m'as pas rendu le roman que je t'ai prêté !

— Mais si, ...

4. Tu nous emmèneras dîner dans ce restaurant, un soir ? Il paraît qu'il est très bon.

— D'accord, ...

5. Daniel va transmettre le message de Sophie au rédacteur en chef ?

— Oui, ...

C. Complétez les phrases avec PARCE QUE ou PUISQUE, suivant le modèle.
（下線部に parce que または puisque を書き入れなさい。）

Modèle : Daniel va retourner au bureau *parce qu'*il a encore du travail.

1. Pourquoi est-ce que Daniel ne s'occupe pas des problèmes de stationnement?

   — .... il roule à moto.

2. On n'a qu'à prendre un taxi, ... il n'y a plus de métro à cette heure-ci.

3. Excusez-moi. Je suis en retard .... j'ai eu une réunion.

4. .... tu vas faire des courses, achète-moi un paquet de cigarettes, s'il te plaît.

5. Je t'invite au restaurant, ... c'est ton anniversaire.

VOCABULAIRE-EXPRESSIONS

— Le monde du travail —

un syndicat (ouvrier): la C.G.T.,
　　la C.F.D.T., F.O., *etc.*
des conditions de travail
un conflit de travail
une grève, la grève générale
faire la grève, *se mettre / être* en grève
une manifestation, manifester

réclamer (= revendiquer) une hausse
　　(= une augmentation) de salaire
s'opposer aux licenciements
obtenir ... francs de plus par mois
le 13e mois, une prime
les congés payés
un congé *de maternité / parental*

(A-18) « Les infirmières sont en grève depuis deux jours. »

　　« La C.G.T. a organisé une manifestation. »

　　« Les postiers réclament *30 euros de plus par mois* [*une augmentation de salaire de 30 euros*]. »

　　« Les conducteurs de métro revendiquent une prime. »

　　« Les ouvriers de chez Peugeot ont obtenu une hausse (de salaire) de 3 %. »

A. **Christian et Sophie se donnent rendez-vous. Imaginez ce qu'ils disent.**

(クリスチャンとソフィが待ち合わせをします．どんなことを言っているのでしょう？)

....

....

....

....

....

....

....

....

....

....

....

....

....

....

....

....

....

....

....

....

B．Commentez les images. （絵の出来事を説明しなさい．）

I. **Parlez suivant le modèle.** [A-19]

  Modèle : Qu'est-ce qu'on a annoncé ? La fin de la grève ?

           — Oui, ce qu'on a annoncé, c'est la fin de la grève.

1. Qu'est-ce qui plaît à Sophie dans sa profession ? Son indépendance ?

    — Oui, ce qui lui plaît dans sa profession, c'est son indépendance.

2. Qu'est-ce que vous aimez à Paris ? L'atmosphère ?

    — Oui, ce que j'aime à Paris, c'est l'atmosphère.

3. Qu'est-ce que Christian préfère ? Photographier les gens ?

    — Oui, ce qu'il préfère, c'est photographier les gens.

4. Qu'est-ce qui est commode à Tokyo ? Les transports en commun ?

    — Oui, ce qui est commode à Tokyo, ce sont les transports en commun.

5. Qu'est-ce qui fatigue Christian ? Les embouteillages ?

    — Oui, ce qui le fatigue, ce sont les embouteillages.

II. **Parlez suivant le modèle.** [A-20]

  Modèle : Le patron t'a parlé de mon article sur la rentrée scolaire ?

           — Oui, il m'en a parlé.

1. Daniel va dire au patron que Sophie l'appellera demain ?

    — Oui, il va le lui dire.

2. Sophie a annoncé la fin de la grève à Daniel et à Christian ?

    — Oui, elle la leur a annoncée.

3. Tu m'emmèneras au cinéma, la prochaine fois ?

    — D'accord, je t'y emmènerai.

4. Pouvez-vous me prêter votre voiture ce matin ?

    — Oui, je vous la prête.

5. Christian va peut-être trouver un appartement pour Sophie ?

    — Oui, il va peut-être lui en trouver un.

III. Parlez suivant le modèle. (A-21)

Modèle : Tu retournes au bureau ? Tu peux laisser un message au patron ?

→ Tu peux laisser un message au patron, puisque tu retournes au bureau ?

1. Tu vas faire des courses ? Tu peux m'acheter des cigarettes ?

   → Tu peux m'acheter des cigarettes, puisque tu vas faire des courses ?

2. Cette moto te plaît ? Alors, achète-la.

   → Achète cette moto, puisqu'elle te plaît.

3. Il n'y a pas de métro ? Alors, allons-y en taxi.

   → Allons-y en taxi, puisqu'il n'y a pas de métro.

4. Tu as fini ce roman ? Tu peux me le prêter ?

   → Tu peux me prêter ce roman, puisque tu l'as fini ?

5. Tu es fatigué ? Alors, reposons-nous un peu.

   → Reposons-nous un peu, puisque tu es fatigué.

LECTURE-DICTÉE (A-22/23)

Sophie arrive, en pleine forme; Christian ne comprend pas comment elle peut oublier la grève qui paralyse la capitale. Ce qu'il ne sait pas, c'est qu'on vient d'annoncer la reprise du travail à la radio. Sophie le lui apprend. Pour fêter cette bonne nouvelle, Christian leur offre un pot à tous les deux. Daniel accepte, mais il doit retourner à la rédaction, car il a encore du travail : un article urgent sur la rentrée scolaire. Sophie en profite pour lui laisser un message à transmettre au rédacteur en chef.

DANS LE XVe ? SUPER !

DIALOGUE A-24 A-25

Sophie	:	Où est-ce qu'il est, le dossier sur les lycées ?
Dumont	:	C'est moi qui l'ai.
Sophie	:	Je peux l'emprunter ? J'ai besoin de le consulter.
Dumont	:	Oui, mais rendez-le-moi assez rapidement pour que je puisse terminer mon papier.
Sophie	:	Entendu. Je vais faire des photocopies.
Dumont	:	Il est dans le classeur, là, dans le tiroir du haut.
Nadine	:	Dis, Sophie, tu as des agrafes ? J'en ai plus.
Sophie	:	Oui, sans doute, attends...
Nadine	:	Donne-m'en une boîte, carrément. Il faut que je fasse une commande de fournitures, moi. Je n'ai plus rien. Quelle heure est-il ? Oh, là, là ! Presque 6 heures et demie ! Je file au service courrier avant qu'il soit trop tard.
Daniel	:	Mais qu'est-ce qu'ils font, à la documentation ? Ça ne répond pas.
Sophie	:	À cette heure-ci, il n'y a plus personne, tu sais...
		(Le téléphone de Sophie sonne)
		Allô, oui ? Christian !... Oui, et toi ?... Comment ?... Non, rien. C'est désespérant. Comment ?... Dans le XVe ? Super !... D'accord. Demain matin, 10 heures. C'est parfait.
Daniel	:	Un appartement en vue ?
Sophie	:	Oui. Christian m'en a peut-être trouvé un dans le XVe.

1. 副詞節での接続法 [A-26]

(Le subjonctif dans les propositions circonstancielles)

Oui, mais rendez-le-moi assez rapidement *pour que* je *puisse* terminer mon papier.

Je file au service courrier *avant qu'*il *soit* trop tard.

(1) **pour que ＋文** (P) ［接続法 (*subj.*)］

Sophie doit remettre ce dossier à Dumont *pour qu'*il *puisse* terminer son papier.

(*cf.* Dumont a besoin de ce dossier *pour terminer* son papier.)

(2) **avant que ＋文** (P) ［接続法 (*subj.*)］

Je te téléphonerai *avant que* tu *partes.*

(*cf.* Je te téléphonerai *avant de partir.*)

2. 目的語代名詞の位置 ② : 肯定命令文 [A-27]

(La place des pronoms compléments 2 : à l'impératif affirmatif)

Oui, mais rendez-*le-moi* assez rapidement...

Donne-*m'en* une boîte, carrément.

le	moi	m'		
	toi	t'		
la	nous		y	en
	vous			
	lui			
les	leur			

Donne-*le-moi.*
(*cf.* Ne *me le* donne pas.)
Donne-*le-lui.*
(*cf.* Ne *le lui* donne pas.)
Donne-*m'en.*
(*cf.* Ne *m'en* donne pas.)

3. ne...plus personne / ne...plus rien [A-28]

À cette heure-ci, il *n'*y a *plus personne*, tu sais...

Je *n'*ai *plus rien.*

(1) **ne ... plus personne** (plus personne ne ...)

Il *ne* compte *plus* sur *personne.*

Plus personne ne vient me voir.

(2) **ne ... plus rien** (plus rien ne ...)

Je *n'*ai *plus rien* à vous dire.

Plus rien ne lui plaît.

---

1 接続法が副詞節で使われる場合があります. 代表的なものは pour que...「…するために」, avant que...「…する前に」です. どちらも「まだ実現していない事柄」なので, 接続法が使われます.

◆ pour que, avant que は主節と従節の主語が異なるときだけ使います. 主語が同じ場合は, 主語を反復せず, 前置詞の pour や avant de と不定詞を使います.

　〔avant que の後で〈虚辞の ne〉を使うことがあります : Je te téléphonerai avant que tu *ne* partes. 虚辞の ne は潜在的な否定の観念を反映するもので, 本当の否定ではありません. (日本語で「でかける前に」を「でかけないうちに」と言うのとやや似ています.)日常会話では虚辞の ne をあまり使いません.〕

2 肯定命令文では目的語人称代名詞, y, en を動詞の後に, 左記の順に置きます.

◆ 肯定命令文以外では 1・2 人称の間接目的語を先に置きますが, 肯定命令文では 3 人称の直接目的語を先に置きます. y, en は常に人称代名詞の後に置きます.

◆ y, en の前では moi, toi でなく m', t' を使います.

◆ 動詞と2つの代名詞は, アポストロフが入らない限り, トレデュニヨンで結びます.

3 ne... plus personne : 「もう誰も…ない」.
ne... plus rien : 「もう何も…ない」.

◆ personne, rien が主語のときは〈Plus personne ne...〉, 〈Plus rien ne...〉の順になります.

A . **Reliez les phrases en utilisant AVANT QUE ou POUR QUE et le subjonctif, suivant les modèles.** (avant que あるいは pour que を使って，ひとつの文にしなさい．)

Modèle 1 : Tu devrais passer au service courrier. Après, il sera trop tard.
→ Tu devrais passer au service courrier *avant qu'*il *soit* trop tard.

Modèle 2 : Sophie va rendre rapidement le dossier à Dumont. Comme ça, il pourra terminer son article.
→ Sophie va rendre rapidement le dossier à Dumont *pour qu'*il *puisse* terminer son article.

1. Rentrons! Il va faire nuit.

   ....

2. Je vais vous faire un plan. Comme ça, vous trouverez plus facilement.

   ....

3. Partons! Il va y avoir des embouteillages.

   ....

4. Laisse un message sur son répondeur. Comme ça, il saura où nous sommes.

   ....

5. Décide-toi! Sinon, quelqu'un va prendre cet appartement.

   ....

6. Elle va repeindre son appartement. Comme ça, il sera plus agréable.

   ....

B . **Répondez aux questions en utilisant un verbe à l'impératif (positif ou négatif) et deux pronoms en série, suivant le modèle.**
(２つの代名詞を使って，肯定または否定の命令文で答えなさい.)

Modèle : Quand est-ce que je <u>vous</u> rends <u>ce dossier</u>?
— *Rendez-le-moi* demain, s'il vous plaît.

1. Combien de <u>paquets de cigarettes</u> est-ce que je <u>t'</u>achète? (deux)

   — .... , s'il te plaît.

2. Il faut que j'apporte <u>cet article</u> <u>à Dumont</u>?

   — Oui, ..., s'il vous plaît.

3. J'offre des chocolats à Sophie pour son anniversaire?

    — Non, ... : elle n'aime pas ça.

4. Voulez-vous que je vous prête ce dossier pour votre article?

    — Oui, ..., s'il vous plaît.

5. Je peux donner des sucres à vos chiens, Dominique?

    — Non, ..., s'il vous plaît.

C. **Complétez les phrases avec PLUS PERSONNE ou PLUS RIEN, suivant le modèle.**
（下線部に plus personne または plus rien を書き入れなさい.）

    Modèle : À cette heure, il n'y a *plus personne* au bureau.

1. Avant, il travaillait bien en classe, mais maintenant, il ne fait ....

2. Je ne sors pas en ce moment: j'ai trop de travail. Je ne vois ....

3. .... n'habite dans cet immeuble. On va le démolir.

4. Depuis qu'il est au chômage, il est déprimé. .... ne l'intéresse.

VOCABULAIRE-EXPRESSIONS

— Au bureau : le matériel de bureau —

une machine à écrire
une machine de traitement de texte
      (= un traitement de texte)
un ordinateur, un micro-ordinateur,
      un ordinateur personnel
une disquette, un disque dur
une imprimante
un copieur, un photocopieur (= une photo-
      copieuse), une photocopie
un fax, un télécopieur, une télécopie
un télex

un stylo, un crayon, un stylo-bille,
      un porte-mine, un feutre, un marqueur
du papier, un bloc-notes
du papier à lettres, une enveloppe, un timbre
une règle, une gomme, des ciseaux,
      de la colle, du scotch, un trombone,
      un coupe-papier, un cutter
une agrafeuse, une agrafe, agrafer
un classeur
une chemise
une calculatrice

A-29 « J'ai une lettre à taper. »

    « Je vais mettre ce texte en mémoire sur disquette. »

    « Il faut que je fasse des photocopies. »

    « Je dois envoyer un fax. »

A. **Imaginez ce qu'ils disent.** (どんな会話をかわしているのでしょう？)

....
....
....
....
....

....
....
....
....
....

....
....
....
....
....

B. Vous êtes Nadine. Vous n'avez plus de fournitures. Remplissez votre bon de commande et dites ce que vous avez commandé. （事務用品がなくなりました．ナディーヌになったつもりで，注文書に記入して，注文した品物を言いなさい．）

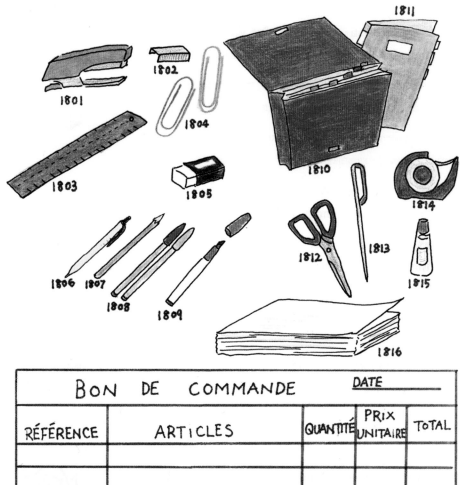

BON DE COMMANDE			DATE	
RÉFÉRENCE	ARTICLES	QUANTITÉ	PRIX UNITAIRE	TOTAL
		TOTAL		

I. **Parlez suivant le modèle.** A-30

 Modèle : File au service courrier ; après, il sera trop tard.
   → File au service courrier avant qu'il soit trop tard.

1. Téléphone au patron ; après, il va s'en aller.
   → Téléphone au patron avant qu'il s'en aille.

2. Commande des fournitures ; après, il n'y en aura plus.
   → Commande des fournitures avant qu'il n'y en ait plus.

3. Dépêche-toi de rentrer ; il va pleuvoir.
   → Dépêche-toi de rentrer avant qu'il pleuve.

4. Envoie un fax maintenant ; après, il n'y aura plus personne.
   → Envoie un fax maintenant, avant qu'il n'y ait plus personne.

5. Fais une copie de ce dossier ; après, Dumont va le reprendre.
   → Fais une copie de ce dossier avant que Dumont le reprenne.

II. **Parlez suivant le modèle.** A-31

 Modèle : Rendez-moi ce dossier. Comme ça, je pourrai terminer mon article.
   → Rendez-moi ce dossier pour que je puisse terminer mon article.

1. Fais une copie de ce dossier. Comme ça, je pourrai le rendre à Dumont.
   → Fais une copie de ce dossier pour que je puisse le rendre à Dumont.

2. Laissez-moi un message. Comme ça, je saurai où vous joindre.
   → Laissez-moi un message pour que je sache où vous joindre.

3. Prête-lui ta moto. Comme ça, il ne perdra pas de temps.
   → Prête-lui ta moto pour qu'il ne perde pas de temps.

4. Commençons ce travail tout de suite. Comme ça, tout sera fini avant 6 heures.
   → Commençons ce travail tout de suite pour que tout soit fini avant 6 heures.

5. Téléphone-moi en arrivant. Comme ça, j'irai te chercher à la gare.
   → Téléphone-moi en arrivant pour que j'aille te chercher à la gare.

III. Parlez suivant le modèle. (A-32)

Modèle :   Je te donne combien d'agrafes ? (une boîte)

   — Donne-m'en une boîte, s'il te plaît.

1. Je te fais combien de copies de ce dossier ? (deux)

   — Fais-m'en deux, s'il te plaît.

2. Quand est-ce que je dois présenter cet article au patron ? (demain)

   — Présente-le-lui demain.

3. À quelle heure est-ce que je leur envoie ce télex ? (vers 6 heures)

   — Envoie-le-leur vers 6 heures.

4. Combien de paquets de gauloises est-ce que je vous achète ? (trois chacun)

   — Achète-nous-en trois chacun.

5. Quand est-ce que je dois te rendre ces disques ? (la semaine prochaine)

   — Rends-les-moi la semaine prochaine.

LECTURE-DICTÉE (A-33/34)

À la rédaction d'«Actuellement», tout le monde s'active : Sophie a besoin de consulter un dossier sur les lycées. Elle l'emprunte à Dumont, qui est en train d'écrire un article. Nadine, l'assistante du rédacteur en chef, doit passer au service du courrier avant qu'il ne soit trop tard. Daniel s'énerve, car plus personne ne répond au service de la documentation. À ce moment, Sophie reçoit un coup de téléphone de Christian, qui lui annonce qu'il lui a peut-être trouvé un appartement dans le XVe arrondissement. Bonne nouvelle pour Sophie, qui cherche un logement depuis un certain temps déjà.

4

Leçon quatre

IL PARAÎT QUE C'EST UNE AFFAIRE.

DIALOGUE A-35 A-36

Sophie	:	Je savais que c'était difficile de trouver un appartement dans Paris, mais à ce point-là... Ça fait des semaines que je cherche. Tous les jours, les petites annonces, les agences...
Christian	:	Eh bien, tu vois, je pense à toi. Tu m'avais dit que tu voulais un trois-pièces. Alors, j'en ai parlé à un copain qui travaille dans l'immobilier. Je crois que tu le connais.
Sophie	:	Il s'appelle comment ?
Christian	:	Richard Genet.
Sophie	:	Ah oui... tu m'as déjà parlé de lui, mais je ne l'ai jamais rencontré.
Christian	:	Tu verras, il est très sympa. Il m'a demandé si tu cherchais dans un quartier en particulier. Je lui ai dit que non.
Sophie	:	Tu as bien fait.
Christian	:	En tout cas, il m'a rappelé le lendemain pour me dire qu'il y avait peut-être une occasion dans le XVe.
Sophie	:	Et tu n'as pas pensé à me prévenir tout de suite ?
Christian	:	Si, bien sûr, j'y ai pensé, mais à ce moment-là, c'était pas encore sûr. Enfin, bref, il paraît que c'est une affaire.
Sophie	:	Bon. Et quand est-ce que je peux le visiter ?
Christian	:	Si tu veux, on y va maintenant.

1. 時制の一致 ① : 過去における現在 [A-37]
(*La concordance des temps 1 : le présent dans le passé*)

Je *savais* que c'*était* difficile de trouver un appartement...

Tu m'*avais dit* que tu *voulais* un trois-pièces.

Il m'*a demandé* si tu *cherchais* dans un quartier en particulier.

En tout cas, il m'*a rappelé* le lendemain pour me dire qu'il y avait peut-être une occasion dans le XVe.

主節の動詞	=	過去,	従節の動詞	=	半過去
(*verbe P principale*	=	*passé,*	*verbe P subordonnée*	=	*imparfait*)

Je *savais* que c'*était* un quartier agréable.
(*cf.* Je *sais* que c'*est* un quartier agréable.)
Sophie m'*a dit* (m'*avait dit*) qu'elle *cherchait* un appartement.
(*cf.* Sophie me *dit* qu'elle *cherche* un appartement.)

2. lui / à lui / y ; de lui / en [A-38]

Eh bien, tu vois, je pense *à toi*.

Si, bien sûr, j'*y* ai pensé...

Ah oui... tu m'as déjà parlé *de lui*...

Alors, j'*en* ai parlé à un copain qui travaille dans l'immobilier.

	à ~		de ~	
人 (*personne*)	lui 1)	à lui 2)		de lui
物・事 (*chose*)	y		en	

1) parler, plaire, ressembler, sourire, téléphoner, *etc.* :
   Elle parle *à son mari.* → Elle *lui* parle.

2) penser, s'intéresser, renoncer, tenir, *etc.* :
   Elle pense *à son mari.* → Elle pense *à lui.*

3. 時を示す語句 (*Les indicateurs temporels*) [A-39]

En tout cas, il m'a rappelé *le lendemain*...

Si, bien sûr, j'y ai pensé, mais *à ce moment-là*, c'était pas encore sûr.

aujourd'hui → ce jour-là	hier → la veille	demain → le lendemain
maintenant → alors	avant-hier → l'avant-veille	après-demain → le surlendemain
en ce moment → à ce moment-là	il y a ~ jours → ~ jours plus tôt ~ jours avant	dans ~ jours → ~ jours plus tard ~ jour après

① 主節の動詞が過去時制（＝複合過去，半過去，大過去）のとき，従節で「過去における現在」を表わすには動詞を半過去形にします．主節の動詞が現在のときの現在形に相当します．
「過去における現在」であった事柄が今現在まで続いているかどうかは関係ありません．（今現在まで続いていることを特に強調する場合には現在形を用いることがあります．）
〔日本語ではこうした時制の一致をしませんので，「…だと知っていた」や「…していると言った」のような表現になります．〕

② 前置詞の à あるいは de が付いた語句と同じ働きをする代名詞形には次のようなものがあります．
①間接目的語人称代名詞（左の表では lui で代表）．
②前置詞＋人称代名詞強勢形（à lui, de lui で代表）．
③ y, en.
原則として①と②は「人」を受け，③は「物」や「事」を受けます．

◆ 間接目的語が人の場合，lui を使うか à lui を使うかは動詞によって違います．
〔人を対象とする行為を表わす動詞（＝parler「~に話しかける」など）には lui を使い，物や事も対象とする行為を表わす動詞（＝penser「~のことを考える」など）には à lui を使う，というのが一応の区別の基準です．〕

③ 時を示す語句は，aujourd'hui「きょう」→ ce jour-là「その日」，maintenant「今」→ alors「その時」のように，現在を基準にする場合と現在以外を基準とする場合とで表現が異なります．

A. Mettez les phrases au passé, suivant le modèle.

(過去の文に書き変えなさい．主節の動詞は複合過去あるいは半過去にします.)

Modèle : Je <u>sais</u> que c'<u>est</u> difficile de trouver un appartement.

→ Je *savais* que c'*était* difficile de trouver un appartement.

1. Daniel <u>sait</u> que Sophie <u>cherche</u> un appartement.

....

2. Richard me <u>demande</u> si tu <u>veux</u> un quatre-pièces.

....

3. Sophie <u>annonce</u> à Christian que la grève <u>va finir</u>.

....

4. Je <u>crois</u> que c'<u>est</u> Dumont qui <u>se sert</u> de ce dossier.

....

5. Sophie me <u>dit</u> qu'elle n'<u>a</u> pas de préférence pour un quartier en particulier.

....

B. Répondez aux questions en utilisant un pronom, conjoint ou disjoint (préposition + pronom tonique), suivant les modèles. (イタリック体の部分を代名詞に変えて答えなさい.)

Modèle 1 : Je t'ai parlé <u>de mon copain Richard</u>?

— Oui, tu m'as parlé *de lui*.

Modèle 2 : Sophie t'a parlé <u>de ses problèmes d'appartement</u>?

— Oui, elle m' *en* a parlé.

1. Si tu peux avoir des places pour ce concert, tu penseras <u>à Nadine</u>, hein?

— D'accord, ...

2. C'est Daniel qui s'occupe <u>de l'article sur la rentrée scolaire</u>?

— Oui, ...

3. Avez-vous réfléchi <u>à ce que je vous ai dit</u>?

— Oui, ...

4. Christian ressemble <u>à son père</u>?

— Non, ...

5. À Cannes, Dorin s'est occupé de Christian et de Sophie?

— Oui, ...

6. Quand tu iras faire des courses, tu penseras à m'acheter des cigarettes, s'il te plaît?

— Oui, oui, ...

C. **Mettez le texte au passé, en utilisant les indicateurs temporels nécessaires.**
(時を示す語句に注意しながら，過去の文に書き変えなさい．動詞はすべて半過去にします．)

Le 20 septembre, Daniel rencontre Sophie à la rédaction d'«Actuellement» :
«J'ai énormément de travail en ce moment. Je suis en train de terminer un article sur
le musée d'Orsay. Hier, je viens de faire un reportage à Bordeaux. Demain, je dois
aller à Lille et après-demain, j'ai un vernissage à la galerie Archère. Je suis crevée!»

Plus tard, Sophie parle de cette période à Christian :
«J'avais énormément de travail ....

....

....

....

....

VOCABULAIRE-EXPRESSIONS

— L'immobilier —

un studio, un appartement
un deux-pièces (= un appartement de deux
        pièces), un trois-pièces, *etc.*
un appartement meublé (= un meublé)
un appartement *non meublé* (= *vide*)
une petite annonce, une annonce immobilière
une agence immobilière, un agent immobilier
lire (= «faire») les petites annonces
visiter (= «faire») les agences

le propriétaire
un locataire
louer / acheter un appartement
un contrat (*de vente / de location*)
un bail (de trois ans)
le loyer, les charges, la caution,
        les commissions

A-40 «Je cherche un studio meublé dans le Ve ou dans le VIe.»
        «Je fais les petites annonces, mais je ne trouve rien d'intéressant.»
        «Le loyer est de 500 euros, *plus les charges [charges non comprises]*.»
        «J'ai signé le contrat. C'est un bail de trois ans, renouvelable.»

A. Observez ces annonces immobilières et dites de quoi il s'agit.

(不動産の広告を見て，内容を説明しなさい．)

Immobilier

Location 9ᵉ ardt vide

MONTMARTRE
Studio, 40 m², tt cft,
chf. cent., calme,
350 € + ch.

Location 12ᵉ ardt vide

Mº DAUMESNIL
2 p. 70 m², cuis. w.c.
s.d'eau, 5ᵉ ét. asc.
imm. récent, 620 € c.c.

Location 17ᵉ ardt meublé

RUE DE TOCQUEVILLE
5 p. 200 m², cuis. équip.
s.d.b., 3ᵉ ét. ss asc.
très clair, ref. neuf
1.800 € net

Vente 8ᵉ ardt

Av. MONTAIGNE
4 p. 4ᵉ ét., gd standing,
165 m² + balc. cave, park.
belle vue, 325.000 €

asc. = ascenseur	cuis. équip. = cuisine équipée	park. = parking
balc. = balcon	ét. = étage	ref. neuf = refait à neuf
c. c. = charges comprises	gd standing = grand standing	s. d. b. = salle de bains
+ charges = plus les charges, charges non comprises	imm. = immeuble	s. d'eau = salle d'eau
	m² = mètre carré	ss asc. = sans ascenseur
chf. cent. = chauffage central	mº = métro	tt cft = tout confort
cuis. = cuisine	p. = pièce	

B. Jeu de rôles: un agent immobilier et des clients. ——— L'agent immobilier explique le contrat aux futurs locataires, qui posent des questions.

(寸劇:不動産屋と客.　——— 不動産屋は契約の内容を客に説明します. 客は質問をします.)

CONTRAT

(Acte de location)

Entre les soussignés :

   M. DURAND, Jacques, propriétaire
   et
   M. DURIEUX, Paul, locataire

Durée du bail : 3 ans, renouvelable, à compter du 1/10/06

Objet : appartement de quatre pièces, au 3e étage d'un immeuble situé 18, Av. Raymond-Poincaré, 75016 PARIS

Loyer mensuel : 1.200 €

Charges : 50 € par mois   (Ce montant pourra être modifié par le propriétaire, en fonction des coûts d'entretien.)

Fait à Paris,

   lu et approuvé   lu et approuvé

_____   _____

(Signature du propriétaire)   *(Signature du locataire)*

I. Parlez suivant le modèle. (A-41)

Modèle : C'est difficile de trouver un appartement dans Paris. Tu le savais, Sophie ?
    — Oui, je savais que c'était difficile.

1. Sophie cherche un appartement. Elle te l'a dit ?
    — Oui, elle m'a dit qu'elle cherchait un appartement.

2. Il y a peut-être une occasion intéressante. Je te l'ai dit ?
    — Oui, tu m'as dit qu'il y avait peut-être une occasion intéressante.

3. Je veux un trois-pièces. Tu l'as expliqué à Richard ?
    — Oui, je lui ai expliqué que tu voulais un trois-pièces.

4. Sophie ne peut pas payer trop cher. Christian le savait ?
    — Oui, il savait qu'elle ne pouvait pas payer trop cher.

5. C'est une affaire, cet appartement. Richard te l'a dit ?
    — Oui, il m'a dit que c'était une affaire.

II. Parlez suivant les modèles. (A-42)

Modèle 1 : Christian a pensé à Sophie ?
    — Oui, il a pensé à elle.

Modèle 2 : Christian a pensé aux problèmes de Sophie ?
    — Oui, il y a pensé.

1. Christian s'intéresse à la situation de Sophie ?
    — Oui, il s'y intéresse.

2. Le rédacteur en chef d'«Actuellement» tient à Sophie ?
    — Oui, il tient à elle.

3. Le XVe, c'est un quartier qui plaît à Sophie ?
    — Oui, c'est un quartier qui lui plaît.

4. Pour trouver un appartement, Christian a pensé à son ami Richard Genet ?
    — Oui, il a pensé à lui.

5. L'appartement dans le XVe appartient à Richard ?
    — Non, il ne lui appartient pas.

6. Sophie tient à visiter cet appartement?

— Oui, elle y tient.

7. Sophie s'intéresse aux amis de Christian?

— Oui, elle s'intéresse à eux.

8. Christian a pensé à prévenir Sophie?

— Oui, il y a pensé.

III. Parlez suivant les modèles. A-43

Modèle 1 :   Christian a parlé des problèmes de Sophie à Richard Genet?

          — Oui, il lui en a parlé.

Modèle 2 :   Christian a parlé de Sophie à Richard Genet?

          — Oui, il lui a parlé d'elle.

1. Richard Genet a parlé d'un trois-pièces à Christian?

— Oui, il lui en a parlé.

2. Christian s'est occupé de Sophie?

— Oui, il s'est occupé d'elle.

3. Christian avait déjà parlé de Richard Genet à Sophie?

— Oui, il lui avait déjà parlé de lui.

4. Christian s'est occupé de trouver un appartement?

— Oui, il s'en est occupé.

5. Sophie rêve d'habiter dans un trois-pièces?

— Oui, elle en rêve.

LECTURE-DICTÉE A-44/45

Le lendemain, Sophie est au rendez-vous. Christian lui explique qu'il a parlé d'elle à un de ses amis qui travaille dans l'immobilier, Richard Genet. Celui-ci, qui savait que Sophie voulait un trois-pièces, lui a trouvé une excellente occasion dans le XVe. Sophie est impatiente de visiter l'appartement, et Christian lui propose d'y aller immédiatement.

5

Leçon cinq

J'AI HÂTE QU'ON Y SOIT !

DIALOGUE A-46 A-47

Sophie	:	On y va en voiture ?
Christian	:	Écoute, je préfère qu'on y aille en métro : j'en ai assez de conduire dans Paris.
Sophie	:	Où est-ce qu'il est exactement, cet appartement ?
Christian	:	Rue du Commerce. D'ici, c'est facile : il faut prendre la direction Nation par Denfert, changer à La Motte-Picquet et descendre à Commerce.
Sophie	:	Eh bien, allons-y.

(Dans le métro)

Christian	:	On va d'abord passer à l'agence. Richard m'a dit qu'il était là ce matin.
Sophie	:	Tu n'as pas peur qu'il y ait déjà d'autres candidats ?
Christian	:	Non, je ne pense pas qu'il en ait parlé à d'autres personnes.
Sophie	:	Tu sais, ce matin, dans le Figaro, il y avait justement une annonce pour un appartement rue du Commerce.
Christian	:	Franchement, je doute que ce soit le même. Évidemment, il est possible que le propriétaire ait décidé de passer une annonce...
Sophie	:	Ah ! J'ai hâte qu'on y soit ! Tu ne peux pas savoir... Je cherche depuis des semaines. J'en ai marre !
Christian	:	Ça, je te comprends.
Sophie	:	Et puis vraiment, mon studio est devenu trop petit... Bon. C'est là.
Christian	:	Attends, c'est pas cette sortie, c'est l'autre, en queue.

1. 名詞節での接続法 (*Le subjonctif dans les propositions complétives*)
A-48

Écoute, je *préfère* qu'on y *aille* en métro...

Tu n'*as* pas *peur* qu'il y *ait* déjà d'autres candidats?

Franchement, je *doute* que ce *soit* le même.

Ah! J'*ai hâte* qu'on y *soit*!

douter ne pas penser il semble il est possible vouloir préférer souhaiter avoir hâte avoir peur *etc.*	＋接続法 (*subj.*)

Je *ne pense pas* qu'il *soit* là.
(*cf.* Je *pense* qu'il *est* là.)

Il est possible qu'elle *vienne*.
(*cf. Il est probable* qu'elle *viendra*.)

Je *souhaite* qu'il *réussisse*.
(*cf.* J'*espère* qu'il *réussira*.)

J'*ai peur* qu'il (ne) *pleuve*.
(*cf.* Je *suis sûr* qu'il *fera* beau.)

1 主節が『疑惑・不確実, 意志・願望, 懸念』などの表現のときは従節(=名詞節)で接続法を使います。
〔従節で述べる事柄の現実性が高いと判断して直説法を使うこともあります：
Il semble qu'elle *soit* là.
またはIl semble qu'elle *est* là.〕

◆ avoir peur que の後で虚辞の ne を使うことがあります。(日本語の「…ではないかと心配する」と似た発想です。)

2. 接続法過去 (*Le subjonctif passé*) A-49

Non, je *ne pense pas* qu'il en *ait parlé* à d'autres personnes.

Évidemment, *il est possible* que le propriétaire *ait décidé* de passer une annonce...

接続法過去 ＝ 助動詞の接続法現在 ＋ 過去分詞
(*Le subj. passé = le subj. présent de l'auxiliaire + p.p.*)

Le propriétaire *a mis* une annonce, à ton avis?
— Non, je *ne pense pas* qu'il en *ait mis* une.

Ah, tu es là! J'*avais peur* que tu *sois* déjà *parti*.

2 接続法過去は〈助動詞の接続法現在＋過去分詞〉です。不定詞複合形と同じように『事柄の完了』を表わし, 主節の動詞の時制が現在でも過去でも未来でも使えます。

3. même / autre A-50

Tu n'as pas peur qu'il y ait déjà *d'autres* candidats?

Non, je ne pense pas qu'il en ait parlé à *d'autres* personnes.

Franchement, je doute que ce soit *le même*.

Attends, c'est pas cette sortie, c'est *l'autre*, en queue.

(1) 形容詞 (*adjectif*)

Christian et Sophie travaillent pour *la même* revue.
Il y a beaucoup d'annonces immobilières dans le Figaro;
il y en a moins dans *les autres* journaux.

(2) 代名詞 (*pronom*)

J'aime bien ton sac. Je vais acheter *le même*.
Le propriétaire a un appartement rue du Commerce;
il en a *un autre* à louer dans la même rue.

3 même「同じ (もの)」とautre「別の (もの)」は形容詞としても代名詞としても使えます (形容詞のときは名詞の前に置きます)。

◆ même には一般に定冠詞を付けますが, autre の場合, 2つの内の一方, または3つ以上の内の残り全部を指すときは定冠詞を, 残りの内のある1つか幾つかを指すときは不定冠詞を付けます (複数形の d'autres に注意しましょう)。
〔冠詞によって意味が違う表現があります： un autre jour いつか別の日 / l'autre jour 先日〕

◆ un(e) autre, d'autres が直接目的語のときは代名詞の en が必要です。

A. Mettez le verbe de chaque proposition complétive au mode (indicatif ou subjonctif) et au temps (présent, futur ou passé) convenables, suivant les modèles.

(かっこ内の動詞を適切な叙法・時制に活用させなさい.)

Modèle 1 : Christian ne pense pas que Richard Genet (avoir parlé) *ait parlé* de l'appartement.

Modèle 2 : Christian pense que Richard Genet (ne pas avoir parlé) *n'a pas parlé* de l'appartement.

1. Je voudrais que tu (venir) .... avec moi à l'agence.

2. J'espère que Richard (être) .... à l'agence ce matin.

3. J'ai peur que le propriétaire n'(avoir passé) .... une annonce.

4. Il est probable qu'il (s'agir) .... d'un trois-pièces.

5. Je ne pense pas qu'il (s'agir) .... d'un studio.

6. Je préfère qu'on (prendre) .... un taxi pour y aller.

7. Vous verrez, je suis sûr que ce quartier vous (plaire) ....

8. Il est possible que le propriétaire (être sorti) .... à cette heure-là.

9. Il semble qu'il y (avoir eu) .... un accident à ce carrefour.

10. Je doute que Sophie (pouvoir) .... payer un loyer aussi élevé.

11. Je crois que le propriétaire (accepter) .... de baisser un peu le prix.

12. J'ai hâte qu'on (avoir signé) .... le contrat !

B. Complétez les phrases suivantes avec MÊME ou AUTRE, selon le cas, précédé d'un article, suivant le modèle.

(下線部に même あるいは autre を，適切な冠詞を付けて書き入れなさい.)

Modèle : Ces chaussures me plaisent. J'ai vu *les mêmes* dans *un autre* magasin, mais elles étaient plus chères.

1. Connaissez-vous .... appartements à louer dans ce quartier ?

2. Il est très bien, ton ordinateur. Je vais acheter ....

3. Devine qui j'ai rencontré .... jour, dans ce café !

4. Tu aimes ces gâteaux ? Alors, prends-en ....

5. Ils s'entendent bien : ils ont .... goûts.

6. Il a changé d'adresse? — Non, c'est toujours ....

7. Je vous conseille de prendre cet appartement. .... sont moins bien, pour .... prix.

8. Vous n'avez pas le choix. Il n'y a pas .... solution.

VOCABULAIRE-EXPRESSIONS

— Le métro parisien —

une station (de métro)	monter *en tête / en queue*
une ligne (de métro)	descendre à..., changer à...
une sortie / une bouche de métro	prendre la direction...
un guichet	la tête de ligne, le terminus
un ticket, un carnet (de tickets)	une correspondance
la carte orange	

(A-51) « Comment est-ce que je fais pour aller à Bastille ?
— Vous prenez la direction Porte de Clignancourt, vous changez à Châtelet, et vous prenez la direction Château de Vincennes. »
« C'est direct, pour aller à Opéra ?
— Non, il faut changer à Concorde. »

A. Quelqu'un vous demande son itinéraire. Expliquez-le-lui à l'aide du plan (simplifié) de métro ci-dessous. (人に道順を尋ねられます. 下のメトロ路線図を参考にして説明しなさい.)

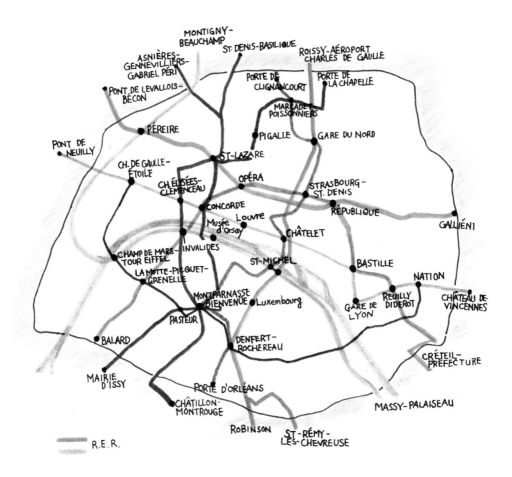

1. (À la station Pasteur) Comment est-ce que je fais pour aller à Denfert-Rochereau ?

....

2. (À la station Gare du Nord) Comment est-ce que je fais pour aller à Gare de Lyon ?

....

....

3. (À la station Saint-Lazare) Comment est-ce que je fais pour aller à La Motte-Picquet ?

....

....

B. Vous voulez visiter quelques lieux touristiques à Paris. À l'aide du plan de métro de la page de gauche et du plan ci-dessous, expliquez vos itinéraires. (パリの観光名所を見物します．左のページのメトロ路線図と下の地図を参考にして，コースを説明しなさい．)

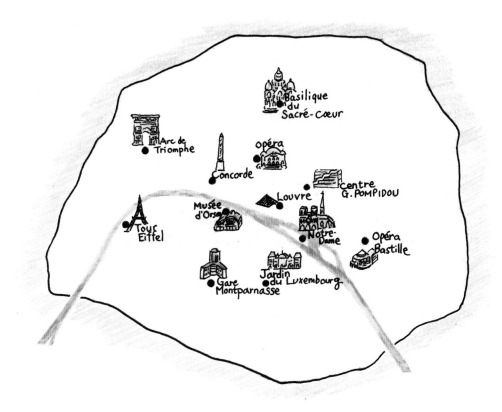

Modèle : Je viens de visiter l'Arc de Triomphe. Maintenant, je veux voir l'Opéra.

→ Je prends la direction Château de Vincennes, je change à (la station) Concorde et je prends la direction Créteil. Je descends à (la station) Opéra.

I. **Parlez suivant le modèle.** (A-52)

Modèle : On y va en métro ? Je préfère.

→ Je préfère qu'on y aille en métro.

1. Le propriétaire va mettre une annonce, j'en ai peur.

→ J'ai peur que le propriétaire mette une annonce.

2. Cet appartement vous plaira peut-être, mais je n'en suis pas sûr.

→ Je ne suis pas sûr que cet appartement vous plaise.

3. Sophie pourra peut-être louer un quatre-pièces, mais j'en doute.

→ Je doute que Sophie puisse louer un quatre-pièces.

4. Le propriétaire voudra bien baisser le prix, il semble.

→ Il semble que le propriétaire veuille bien baisser le prix.

5. Tu viendras avec moi visiter l'appartement ? J'aimerais bien.

→ J'aimerais bien que tu viennes avec moi visiter l'appartement.

II. **Parlez suivant le modèle.** (A-53)

Modèle : Le propriétaire a mis une annonce, à ton avis ?

— Non, je ne pense pas qu'il en ait mis une.

1. Richard est déjà arrivé à l'agence, à ton avis ?

— Non, je ne pense pas qu'il soit déjà arrivé.

2. Il a parlé de cette affaire à d'autres personnes, à ton avis ?

— Non, je ne pense pas qu'il en ait parlé à d'autres personnes.

3. La grève des transports est complètement finie, à votre avis ?

— Non, je ne pense pas qu'elle soit complètement finie.

4. Sophie a déjà préparé son déménagement, à votre avis ?

— Non, je ne pense pas qu'elle l'ait déjà préparé.

5. Christian et Sophie sont venus en taxi, à votre avis ?

— Non, je ne pense pas qu'ils soient venus en taxi.

III. **Parlez suivant les modèles.** (A-54)

Modèle 1 : Cette annonce dans le Figaro, c'est pour le même appartement?
— Non, c'est pour un autre.

Modèle 2 : Il se trouve dans une autre rue?
— Non, dans la même.

1. Christian travaille pour une autre revue que Sophie?
— Non, pour la même.

2. C'est le même propriétaire qui a passé l'annonce?
— Non, c'est un autre.

3. L'agence de Richard se trouve dans un autre quartier que l'appartement?
— Non, dans le même.

4. Daniel va place Clichy. Il prend la même direction que Christian et Sophie?
— Non, il en prend une autre.

5. Christian a les mêmes problèmes de logement que Sophie?
— Non, il en a d'autres.

LECTURE-DICTÉE (A-55/56)

L'appartement se trouve rue du Commerce. Christian, qui en a assez de conduire dans Paris, préfère y aller en métro. De leur station, il n'y a qu'un seul changement. Dans le métro, ils bavardent. Sophie a peur que d'autres personnes soient déjà sur l'affaire. Elle a justement vu ce matin-là une annonce dans le Figaro pour un appartement rue du Commerce. Christian, lui, ne pense pas qu'il s'agisse du même, et essaie de la rassurer.

6

Leçon six

QU'EST-CE QUE EN DITES ?

DIALOGUE B-1 B-2

Richard : Dès que le propriétaire m'a montré cet appartement, j'ai pensé à toi, Christian. Il ne demande pas un loyer très élevé, mais il ne veut pas louer à n'importe qui.

Christian : Et il est vraiment bien?

Richard : Ah oui, vous allez voir. Il y a juste quelques travaux à faire. Le propriétaire va s'en occuper dès la semaine prochaine. Voilà... Entrez...

Sophie : Ah, c'est assez grand. Il fait quelle surface?

Richard : 67 m². Vous voyez, le living est très clair. Il y a plusieurs fenêtres et il donne sur la rue du Commerce. Ne faites pas attention aux papiers, le propriétaire va les changer.

Sophie : J'espère qu'il ne mettra pas n'importe quoi...

Christian : Tu as remarqué qu'il y avait plusieurs placards?

Sophie : Oui, c'est pratique pour ranger les affaires.

Richard : Alors, évidemment, la cuisine n'est pas très grande, mais elle est fonctionnelle. Vous avez même la place pour un lave-vaisselle.

Christian : Alors, ça, c'est commode!

Richard : Et pour le linge, vous avez une petite buanderie à côté de la salle de bains. Vous pouvez y installer le lave-linge. Alors, qu'est-ce que vous en dites?

Sophie : Eh bien, j'avoue qu'il me plaît. Vous voulez une réponse pour quand?

Richard : Dès que possible. Je vous le réserve quelques jours. Disons... jusqu'à la fin de la semaine.

1. 時の表現 ② (*L'expression du temps 2*) : **dès / dès que** B-3

Le propriétaire va s'en occuper *dès* la semaine prochaine.
Dès que le propriétaire m'a montré cet appartement, j'ai pensé à toi, Christian.
Dès que possible.

(1) **dès ＋名詞** (*N*)

Il a repris le travail *dès* son retour.
Je vous écrirai *dès* mon arrivée à Rome.

(2) **dès que ＋文** (*P*)

Il a repris le travail *dès qu*'il est rentré.
Je vous écrirai *dès que* je serai arrivé à Rome.

2. **n'importe qui / quoi**, *etc*. B-4

Il ne veut pas louer à *n'importe qui*.
J'espère qu'il ne mettra pas *n'importe quoi*...

(1) **n'importe qui / quoi**

N' importe qui est capable de faire ça.
Qu'est-ce que tu veux comme cigarettes?
— *N'importe quoi*, ça m'est égal.

(2) **n'importe quel [quelle**, *etc*.] **＋名詞** (*N*)

Ne mettez pas *n'importe quel* papier dans cette pièce.

(3) **n'importe où / quand / comment**

C'est un produit très courant, qu'on trouve *n'importe où*.
Je ne peux pas lui en parler *n'importe quand*, il faut choisir le moment favorable.
Elle travaille *n'importe comment*.

3. **plusieurs / quelques ; quelques-uns, quelques-unes**
B-5

Il y a *plusieurs* fenêtres...
Tu as remarqué qu'il y avait *plusieurs* placards?
Il y a juste *quelques* travaux à faire.
Je vous le réserve *quelques* jours.

(1) **不定形容詞** (*adj. indéf.*) **plusieurs / quelques**

J'ai *plusieurs* amis à Paris.
J'ai beaucoup de travail, je n'ai pu prendre que *quelques* jours de vacances.

(2) **不定代名詞** (*pro. indéf.*) **plusieurs / quelques-uns [-unes]**

Est-ce que tu as lu des romans de Marguerite Duras?
— Oui, j'en ai lu *plusieurs*.
Il y a beaucoup d'invités. Tu les connais tous?
— Non, j'en connais *quelques-uns* seulement.
Sophie a vu plusieurs petites annonces. *Quelques-unes* étaient intéressantes.

---

1 dès 〜 :
「〜になったらすぐに」.
ある時点を指す名詞や, ある時点での出来事を表わす名詞がきます.

◆ dès que... :
「…したらすぐに」.
主節の動詞が過去のときは〈dès que ＋複合過去〉, 主節の動詞が未来のときは〈dès que ＋前未来〉にするのがふつうです.

◆ dès que possibleは dès que ce sera possible を省略した表現で, 「可能になりしだいすぐに, なるべく早く」を意味します.

2 importer「重要である」という動詞の否定形と疑問詞が結びついた成句です.
① n'importe qui/quoi : 「誰/何でも」. 名詞と同じ働き.
② n'importe quel [quelle, *etc*.]〜:「どんな〜でも」. 形容詞と同じ働き.
③ n'importe où/quand/comment : 「どこ/いつ/どのようでも」. 副詞と同じ働き.
これらの表現は,「でたらめに」のようなニュアンスで使うこともあります.

3 plusieurs :「幾つも」.
quelques :「幾つか」.
「基準より多い」と思うときは plusieurs を使い,「基準より少ない」と思うときは quelques を使います.

◆ plusieurs は男性・女性の変化をせず, 形容詞でも代名詞でも同じ形ですが, quelquesに対応する代名詞は男性形が quelques-uns で女性形が quelques-unes です.

◆ plusieurs, quelques-uns, quelques-unes が直接目的語のときは代名詞の en が必要です.

A. Transformez les phrases en utilisant DÈS QUE et une proposition ou DÈS et un nom, suivant le modèle. (dès que または dès を使って, ひとつの文にしなさい.)

Modèle : J'arriverai à Paris. Je te téléphonerai tout de suite. (dès que / dès)
→ Je te téléphonerai *dès que je serai arrivé(e)* à Paris.
Je te téléphonerai *dès mon arrivée* à Paris.

1. Les travaux commenceront lundi, sans attendre. (dès)

....

2. Je verrai cet appartement. Je me déciderai tout de suite après. (dès que)

....

3. La première fois qu'ils se sont rencontrés, ils ont sympathisé. (dès)

....

4. Les ouvriers finiront les travaux. Vous pourrez emménager tout de suite après. (dès que / dès)

....

....

5. Sophie signera le contrat. Elle commencera à préparer son déménagement tout de suite après. (dès que / dès)

....

....

B. Complétez les phrases avec N'IMPORTE QUI / QUOI / QUEL / OÙ / QUAND / COMMENT, suivant le modèle. (下線部に n'importe を使った表現を書き入れなさい.)

Modèle : Le propriétaire ne veut pas louer à *n'importe qui*.

1. Il exagère! Il me téléphone à .... heure!

2. Il est dangereux : il conduit ....

3. .... est capable de comprendre ça!

4. Je lui ai répondu .... pour qu'il me laisse tranquille.

5. Quand on est journaliste, il faut être prêt à prendre l'avion ....
pour aller ....

C. **Complétez les phrases avec QUELQUES, QUELQUES-UN(E)S ou PLUSIEURS, suivant le modèle.** (下線部に quelques, quelques-un(e)s，あるいは plusieurs を書き入れなさい.)

Modèle : Auriez-vous *quelques* minutes? J'ai *plusieurs* choses à vous demander.

1. J'aime beaucoup ce film ; je l'ai vu .... fois.

2. Vous serez absent longtemps ? — Non, ... jours seulement.

3. Nous avons .... appartements à vous proposer dans ce quartier, dont .... sont meublés.

4. Il n'y a pas beaucoup de familles qui ont .... voitures.

5. Tu n'as plus de cigarettes ? Tiens, je te laisse mon paquet.

   — Non, laisse m'en ...., ça suffira.

6. Tu as fait plus d'une agence avant de trouver cet appartement ?

   — Oui, j'en ai fait ....

VOCABULAIRE-EXPRESSIONS

— Le logement (1) : les appareils et les travaux ménagers —

un réfrigérateur   un fer à repasser

   (= un frigidaire = «un frigo»)   un aspirateur, un balai, une pelle

un congélateur   un seau, un chiffon, une poubelle

un lave-linge (= une machine à laver)   faire *le ménage / la cuisine / la vaisselle /*

un lave-vaisselle   *le lavage* (= *la lessive*) / *le repassage*

   (= une machine à laver la vaisselle)   passer l'aspirateur

un four   essuyer les meubles

un four à micro-ondes (= «un micro-ondes»)   étendre le linge

une cuisinière (*à gaz / électrique*)   nettoyer les vitres

un toaster (= un grille-pain)   laver *le sol* (= *par terre*)

un mixer (=un mixeur)   faire les lits

B-6 «Sophie n'a pas le temps de faire le ménage tous les jours.»

    «Elle a une femme de ménage qui vient faire le repassage trois fois par semaine.»

    «Tu peux donner un coup de balai dans la cuisine, s'il te plaît?»

A. Vous êtes Sophie. Vous emmémagez. Expliquez à Christian et à Daniel où il faut mettre chaque chose.

(ソフィになったつもりで，クリスチャンとダニエルに引っ越しの荷物の置き場所を説明しなさい.)

....
....
....
....
....

....
....
....
....
....

....
....
....
....
....

B. Vous êtes Sophie. Comme vous travaillez, vous avez pris une femme de ménage. Que lui demandez-vous de faire ? （ソフィになったつもりで，家政婦に仕事を頼みなさい.）

....
....
....
....
....

....
....
....
....
....

I. **Parlez suivant les modèles.** ⟨B-7⟩

Modèle 1 : Quand est-ce que le propriétaire va s'occuper des travaux ? La semaine suivante ?
 — Oui, dès la semaine suivante.

Modèle 2 : Quand est-ce que Richard a pensé à Christian ? Quand il a vu l'appartement ?
 — Oui, dès qu'il a vu l'appartement.

1. Quand est-ce que le métro a recommencé à fonctionner ? À la fin de la grève ?
 — Oui, dès la fin de la grève.

2. Quand est-ce que Christian a téléphoné à Richard ? Quand Sophie lui a parlé de ses problèmes ?
 — Oui, dès qu'elle lui a parlé de ses problèmes.

3. Quand est-ce que Sophie donnera sa réponse ? Quand ce sera possible ?
 — Oui, dès que possible.

4. Quand est-ce qu'elle pourra signer le contrat ? Quand elle aura donné sa réponse ?
 — Oui, dès qu'elle aura donné sa réponse.

5. Quand est-ce que Sophie pourra emménager ? Quand les ouvriers auront fini ?
 — Oui, dès qu'ils auront fini.

II. **Parlez suivant le modèle.** ⟨B-8⟩

Modèle : Vous cherchez un appartement dans quel quartier ?
 — Dans n'importe quel quartier, ça n'a pas d'importance.

1. Où voulez-vous dîner ?
 — N'importe où, ça n'a pas d'importance.

2. Quel jour pourrai-je visiter cet appartement ?
 — N'importe quel jour, ça n'a pas d'importance.

3. Qu'est-ce qu'on peut ranger dans ce placard ?
 — N'importe quoi, ça n'a pas d'importance.

4. Quand est-ce que je dois vous donner une réponse, cette semaine ?
 — N'importe quand, ça n'a pas d'importance.

5. Qui cherchez-vous pour ce travail ?
 — N'importe qui, ça n'a pas d'importance.

III. Parlez suivant les modèles. (B-9)

Modèle 1 : Il n'y a qu'un seul placard dans cet appartement?
— Non, il y en a plusieurs.

Modèle 2 : Il y a beaucoup de travaux à faire?
— Non, quelques-uns seulement.

1. Il n'y a qu'une seule fenêtre dans la salle de séjour?
— Non, il y en a plusieurs.

2. Sophie a beaucoup de meubles dans son studio?
— Non, quelques-uns seulement.

3. Sophie n'a visité qu'un seul appartement avant de trouver celui-ci?
— Non, elle en a visité plusieurs.

4. Toutes les agences du quartier connaissent cette location?
— Non, quelques-unes seulement.

5. Richard ne connaît qu'un seul appartement à louer dans ce quartier?
— Non, il en connaît plusieurs.

LECTURE-DICTÉE (B-10/11)

Christian et Sophie visitent l'appartement avec Richard Genet. Le loyer n'est, paraît-il, pas très élevé, mais le propriétaire ne veut pas louer à n'importe qui. L'appartement leur fait bonne impression. Il est agréable et en bon état. Il y a juste quelques travaux à faire, dont le propriétaire doit s'occuper dès la semaine suivante. D'autre part, il est bien aménagé: il y a plusieurs placards et même une petite buanderie. Évidemment, Sophie doit donner une réponse dès que possible. En attendant, Richard le lui réserve quelques jours.

7

Leçon sept

NE SOIS PAS SI PESSIMISTE !

DIALOGUE B-12 B-13

Christian : Alors, ça y est! J'ai eu Richard au téléphone, il m'a dit que tu avais décidé de prendre l'appartement...

Sophie : Eh oui. Bien qu'il soit un peu cher pour moi. J'ai hésité... surtout à cause des charges qui sont élevées. Finalement, je l'ai pris quand même.

Christian : Tu as bien fait. Pour le quartier, ce n'est pas cher. Alors, quand est-ce que tu emménages?

Sophie : Le mois prochain. Sans doute le 2, c'est un samedi. Tu pourras m'aider?

Christian : Bien sûr! Tu peux compter sur moi.

Sophie : J'ai vu le propriétaire. Il a l'air très gentil. Il m'a dit que les travaux avaient commencé. Il a fait changer les papiers et la moquette, et il va faire repeindre la salle de bains.

Christian : Tu vas être drôlement bien dans cet appartement!

Sophie : Oui, mais quand je pense à tous ces frais!

Christian : Mais... je croyais que le patron t'avait augmentée récemment...

Sophie : Oui, c'est vrai, mais malgré ça, j'ai peur que ce soit une charge un peu trop lourde.

Christian : Allez, allez! Ne sois pas si pessimiste! Pense à la place que tu vas avoir. Tu devrais être contente, quand même!

Sophie : Oui, tu as raison. On verra bien... Si j'ai des fins de mois difficiles, tu m'inviteras au restaurant!

1. 譲歩・対立の表現 (*L'expression de la concession et de l'opposition*)： **bien que / malgré / quand même** B-14

Bien qu'il soit un peu cher pour moi.

Oui, c'est vrai, mais *malgré* ça, j'ai peur que ce soit une charge un peu trop lourde.

Finalement, je l'ai pris *quand même*.

Tu devrais être contente, *quand même*!

(1) **bien que** ＋文 (*P*)［接続法 (*subj.*)］
Je sortirai, *bien qu*'il pleuve.

(2) **malgré** ＋名詞 (*N*)
Je sortirai *malgré* la pluie.

(3) **quand même**
Il pleut, mais je sortirai *quand même*.

2. 時制の一致②：過去における過去 B-15
(*La concordance des temps 2 : le passé dans le passé*)

Il m'*a dit* que tu *avais décidé* de prendre l'appartement...

Il m'*a dit* que les travaux *avaient commencé*.

Mais... je *croyais* que le patron t'*avait augmentée* récemment...

> 主節の動詞 ＝ 過去，　従節の動詞 ＝ 大過去
> (*verbe P principale = passé, verbe P subordonnée = plus-que-parfait*)

Elle m'*a dit* qu'elle *avait pris* l'appartement.
(*cf.* Elle me *dit* qu'elle *a pris* l'appartement.)

Je *pensais* qu'il *était* déjà *parti*.
(*cf.* Je *pense* qu'il *est* déjà *parti*.)

3. faire＋不定詞 (*Vinf.*) B-16

Il *a fait changer* les papiers et la moquette, et il va *faire repeindre* la salle de bains.

> **faire** ＋不定詞 (*Vinf.*) ＋名詞 (*N*) (＋ à [par] 名詞 (*N*))

Je *fais démarrer* la voiture.
(→ Je *la* fais démarrer.)

Le propriétaire *a fait faire* des travaux.
(→ Il *en* a fait faire.)

Richard *a fait voir* l'appartement à Sophie.
(→ Il *le lui* a fait voir.)

---

1 bien que... :
「…だけれども」．
後続する動詞は接続法です．

◆ malgré～ :
「～にもかかわらず」．

◆ quand même：
「それでも」．
しばしば接続詞の mais と併用されます．動詞の後に置くのがふつうですが，文頭に置くこともできます．

◆日常会話では quand même の『譲歩・対立』の意味合いが薄れ，「やっぱり，とにかく」といった強調の語句として使われます．

2 主節の動詞が過去時制のとき，従節で「過去における過去」を表わすには動詞を大過去形にします．主節の動詞が現在のときの複合過去形に相当します．
〔日本語では「…したと言った，…したと思っていた」のような表現になります．〕

3 〈faire ＋不定詞〉は「…させる」という使役の意味を表わします．

◆「～を」に相当する名詞は不定詞の直後に置きます．この名詞は不定詞の意味上の主語の場合 (La voiture démarre.) と目的語の場合 (On fait des travaux.) とがあります．

◆「～に」に相当する語句は〈à (または par) ＋名詞〉で表わしますが，必要がなければ省略します．

◆目的語代名詞は，不定詞の前ではなく，faire の活用形の前に置きます．複合時制で直接目的語が前にきても過去分詞の fait は変化しません：
Je la fais démarrer. →
Je l'ai *fait* démarrer.

A. Faites des phrases exprimant une opposition ou une concession, en utilisant BIEN QUE, MALGRÉ, QUAND MÊME, suivant le modèle.

(bien que, malgré, quand même を使った文に書き変えなさい.)

Modèle : Je suis venu(e) au bureau. / J'ai la grippe.
→ Je suis venu(e) au bureau *bien que j'aie la grippe.*
Je suis venu(e) au bureau *malgré la grippe.*
J'ai la grippe, *mais je suis quand même venu(e) au bureau.*

1. En été, Sophie fait du jogging tous les matins. / Il fait chaud.

   ....

   ....

   ....

2. Daniel est venu à moto. / Il pleut.

   ....

   ....

   ....

3. Les gens vont travailler. / Il y a la grève des transports.

   ....

   ....

   ....

B. Mettez les phrases au passé, en respectant la concordance des temps, suivant le modèle. (過去の文に書き変えなさい. 主節の動詞は複合過去あるいは半過去にします.)

Modèle : Richard me dit que tu as décidé de prendre l'appartement.
→ Richard m'*a dit* que tu *avais décidé* de prendre l'appartement.

1. Je crois que les ouvriers ont fini les travaux.

   ....

2. Elle dit qu'elle a eu une augmentation de salaire.

   ....

3. Je veux bien lui téléphoner, mais je suis sûr qu'il est sorti.

   ....

4. Ne t'inquiète pas. Je te dis que le propriétaire n'a pas mis d'annonce !

   ....

C. Répondez aux questions en utilisant FAIRE + INFINITIF, suivant le modèle.

（〈faire ＋不定詞〉を使って答えなさい.）

Modèle : Vous allez laisser les papiers ? (changer)
— Non, je vais les *faire changer*.

1. C'est un appartement dans un immeuble ancien ? (rénover)
— Oui, mais le propriétaire va ....

2. Vous n'avez pas aimé son article ? (recommencer)
— Non, je vais ....

3. Il n'y a qu'un seul exemplaire de ce rapport. (faire des copies)
— Bon, je vais ....

4. Est-ce que Richard t'a montré d'autres appartements ? (voir)
— Non, il ne .... d'autres.

5. Est-ce que Sophie a obtenu une baisse du prix du loyer ? (baisser)
— Oui, elle ....

VOCABULAIRE-EXPRESSIONS

— Le logement (2) : l'aménagement d'un appartement —

un parquet, une moquette, un tapis	*ouvrir / fermer* un radiateur
des rideaux, des voilages, un store	faire du feu dans la cheminée
des papiers (peints)	un chauffage (*à gaz / électrique*)
un placard	le chauffage central
un interphone	*allumer* (= *mettre*) / *éteindre* (= *arrêter*)
un évier, un chauffe-eau	le chauffage
un lavabo, un robinet	un climatiseur
une baignoire, une douche, un bidet	avoir la climatisation

B-17 «Il y a beaucoup de placards dans cet appartement. C'est commode pour ranger les affaires.»

«C'est une chambre sans salle de bains ; il y a juste un lavabo et un bidet.»

«En France, il n'y a pas beaucoup d'appartements qui ont la climatisation.»

A. Observez le plan ci-dessous et les légendes de la page de droite, expliquez l'équipement de l'appartement.

（下の間取り図と右のページの説明を見て，アパルトマンの設備を説明しなさい.）

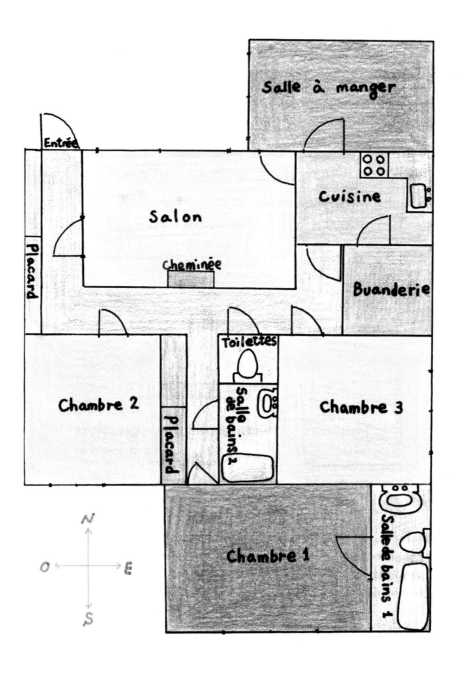

B. Jeu de rôles : un agent immobilier et des clients. ——L'agent immobilier essaie de vendre un appartement aux clients et il leur en explique l'équipement. Les clients posent des questions.　（寸劇：不動産屋と客. —— 不動産屋は客にアパルトマンを売ろうとして, その設備について説明します. 客は質問をします.）

ÉQUIPEMENT DE L'APPARTEMENT

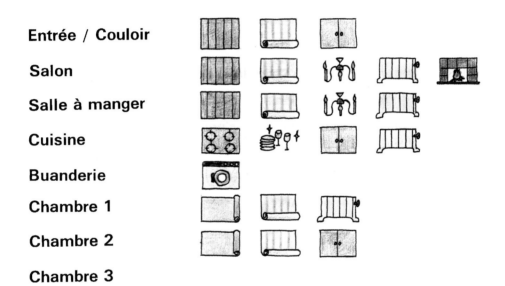

EXPLICATION DES SYMBOLES

I. **Parlez suivant le modèle.** B-18

   Modèle : Cet appartement est un peu cher, mais Sophie l'a pris ?
           — Oui, elle l'a quand même pris.

1. Sophie a eu une augmentation, mais elle a des fins de mois difficiles ?
   — Oui, elle a quand même des fins de mois difficiles.

2. Christian travaille, mais il habite chez ses parents ?
   — Oui, il habite quand même chez eux.

3. Daniel est occupé le samedi 2, mais il viendra aider Sophie ?
   — Oui, il viendra quand même l'aider.

4. La moquette était encore en bon état, mais le propriétaire l'a fait changer ?
   — Oui, il l'a quand même fait changer.

5. Sophie a de la chance, mais elle est pessimiste ?
   — Oui, elle est quand même pessimiste.

II. **Parlez suivant le modèle.** B-19

   Modèle : Sophie a pris l'appartement. Richard te l'a dit ? (oui)
           — Oui, il m'a dit qu'elle l'avait pris.

1. Les travaux ont commencé. Le propriétaire l'a dit à Sophie ? (oui)
   — Oui, il lui a dit qu'ils avaient commencé.

2. J'ai eu une augmentation. Je te l'ai dit ? (non)
   — Non, tu ne m'as pas dit que tu avais eu une augmentation.

3. Daniel est rentré à Paris. Tu le savais ? (non)
   — Non, je ne savais pas qu'il était rentré.

4. Le propriétaire a fait changer la moquette. Il a prévenu Richard ? (oui)
   — Oui, il l'a prévenu qu'il avait fait changer la moquette.

5. Sophie est entrée à «Actuellement» à 23 ans. Le saviez-vous ? (non)
   — Non, je ne savais pas qu'elle était entrée à «Actuellement» à 23 ans.

III. **Parlez suivant le modèle.** (B-20)

Modèle : Le propriétaire a changé lui-même la moquette et les papiers ?
— Non, il les a fait changer.

1. Il va repeindre lui-même la salle de bains ?
   — Non, il va la faire repeindre.

2. Tu as fait cette robe toi-même, Sophie ?
   — Non, je l'ai fait faire.

3. Sophie va poser elle-même des tringles à rideaux aux fenêtres ?
   — Non, elle va en faire poser.

4. Vous allez faire vous-même les rideaux pour votre appartement ?
   — Non, je vais les faire faire.

5. Le propriétaire a fait lui-même les travaux dans l'appartement ?
   — Non, il les a fait faire.

LECTURE-DICTÉE (B-21/22)

Christian a appris par Richard que Sophie avait décidé de prendre l'appartement de la rue du Commerce, malgré les charges qui sont élevées. Sophie a rencontré le propriétaire, qu'elle a trouvé sympathique. Les travaux ont déjà commencé et elle prévoit de déménager le mois suivant. Elle s'inquiète beaucoup quand elle pense à tous les frais que va occasionner ce déménagement. Christian la trouve trop pessimiste et la pousse à voir d'abord le bon côté de sa situation.

8

J'AI LES REINS EN COMPOTE, MOI !

DIALOGUE B-23 B-24

Sophie	:	Je pensais qu'il y aurait moins de cartons!
Christian	:	On fera plusieurs voyages. Mais qu'est-ce qu'il fait, Daniel?
Sophie	:	Il ne va pas tarder. Il m'a dit qu'il serait là à 9 heures.
Christian	:	Bon. Je commence à charger la camionnette en attendant.

(Rue du Commerce)

Sophie	:	Je vais chercher la clé à l'agence pendant que vous déchargez.
Daniel	:	D'accord. *(à Christian)* Dis donc! Il est pas large, l'ascenseur. À mon avis, l'armoire ne passera pas.
Christian	:	Tu crois? Ça m'étonnerait, quand même...
Daniel	:	Tu vois! Je t'avais dit qu'elle ne passerait pas.
Christian	:	Il n'y a plus qu'à la démonter.

(Dans l'appartement de Sophie)

Christian	:	Bon. On ne va pas mettre tous les cartons dans la même pièce. Lesquels vont dans la cuisine, par exemple?
Sophie	:	Normalement, c'est marqué. Regarde... Bon, moi, je vais passer l'aspirateur pendant ce temps. Zut! Il est dans lequel, déjà?

(Plus tard)

Christian	:	Aïe! Oh, là, là! J'ai les reins en compote, moi!
Sophie	:	Encore un peu de café?
Daniel	:	Oui, merci. Alors, quand est-ce que tu pends la crémaillère?
Sophie	:	Certainement le mois prochain. En plus, le 21, c'est mon anniversaire.
Christian	:	Tu nous invites, j'espère?
Sophie	:	Évidemment!

1. 時制の一致 ③：過去における未来 B-25
(*La concordance des temps 3 : le futur dans le passé*)

Je *pensais* qu'il y *aurait* moins de cartons!

Il m'a *dit* qu'il *serait* là à 9 heures.

Je t'*avais dit* qu'elle ne *passerait* pas.

主節の動詞 ＝ 過去，　従節の動詞 ＝ 条件法現在
(*verbe P principale = passé, verbe P subordonnée = cond. présent*)

Sophie m'*a dit* qu'elle *pendrait* la crémaillère le 21 octobre.

(*cf.* Sophie me *dit* qu'elle *pendra* la crémaillère le 21 octobre.)

Christian *espérait* qu'elle l'*inviterait*.

(*cf.* Christian *espère* qu'elle l'*invitera*.)

① 主節の動詞が過去時制のとき，従節で「過去における未来」を表わすには動詞を条件法現在形にします。主節の動詞が現在のときの単純未来形に相当します。〔日本語では「…するだろうと言った、…するだろうと思っていた」のような表現になります。〕

2. 疑問代名詞 (*Le pronom interrogatif*) **lequel, laquelle, *etc*.**
B-26

Lesquels vont dans la cuisine, par exemple?

Il est dans *lequel*, déjà?

			à ~	de ~
単数	男性 *m.*	lequel	auquel	duquel
s.	女性 *f.*	laquelle	à laquelle	de laquelle
複数	男性 *m.*	lesquels	auxquels	desquels
pl.	女性 *f.*	lesquelles	auxquelles	desquelles

② lequel, laquelle, *etc.* は「どれ？」という選択を問う疑問代名詞です。選択の範囲は，先行文に現れることも，〈de ~〉「~の中で」で示されることもあります。人も物も指すことができ，名詞と同じように主語や目的語などになります。

◆定冠詞と疑問形容詞が結びついた形をしており，前置詞の à, de の後では定冠詞の部分が縮約されます（女性単数形を除く）。

Je voudrais louer une camionnette.

— Nous avons plusieurs modèles de camionnette. *Lequel* voulez-vous?

Il a plusieurs frères. *Duquel* parlez-vous?

Je me demande *auquel* de ces employés je dois m'adresser.

3. 時の表現 ③：pendant / pendant que B-27

Bon, moi, je vais passer l'aspirateur *pendant* ce temps.

Je vais chercher la clé à l'agence *pendant que* vous déchargez.

(1) **pendant ＋名詞** (*N*)

Pouvez-vous arroser mes plantes *pendant* mon absence, s'il vous plaît?

(2) **pendant que ＋文** (*P*)

Pouvez-vous arroser mes plantes *pendant que* je serai absent, s'il vous plaît?

③ pendant ~：「~の間(に)」。

pendant que…：「…している間(に)」。

継続期間を示す表現です。主節の内容は，その期間内に起こる一時的な事柄 (= ~の […している] 間に…する) のことも，その期間中続く事柄 (= ~の […している] 間…している) のこともあります。

A. Mettez les phrases au passé, en respectant la concordance des temps, suivant le modèle. (過去の文に書き変えなさい. 主節の動詞は複合過去あるいは半過去にします.)

> *Modèle :* Je <u>pense</u> que Daniel <u>sera</u> là vers 8 heures et demie.
> → (Il arrive à 9 heures et demie) Tiens! Je *pensais* que tu *serais* là vers 8 heures et demie.

1. Je <u>crois</u> que nous <u>serons</u> trois pour aider Sophie à déménager.
   (Plus tard) Comment? Tu es seule, Sophie? Mais je ....
   ....

2. Tu crois que Daniel viendra à 9 heures et demie? Moi, je <u>pense</u> qu'il <u>viendra</u> plus tôt.
   (Daniel arrive à 9 heures et demie) Ah! Te voilà. Je...

3. Je <u>suis</u> sûr qu'il <u>faudra</u> démonter l'armoire. Elle est trop grande.
   (Plus tard) Tu vois, elle ne passe pas. J'...

4. Je <u>suis</u> persuadé que Sophie <u>invitera</u> Nadine le 21.
   (Le 21, Nadine est là) Ah! Nadine! J'...

B. Complétez les phrases avec le pronom interrogatif. LEQUEL (LAQUELLE, etc), combiné aux prépositions À ou DE, si nécessaire, suivant le modèle.
(下線部に疑問代名詞（前置詞 à, de との縮約形も含む）を書き入れなさい.)

> *Modèle :* L'aspirateur est dans un carton, mais dans *lequel*? J'ai oublié.

1. Tu me passes une revue, s'il te plaît? — Oui, ... veux-tu?

2. Je ne sais plus .... de ses frères est médecin.

3. Ce sont ...., les clés de l'appartement de la rue du Commerce?

4. Il y a deux appartements à louer dans cet immeuble. .... parlez-vous?

5. Certains cartons vont dans la cuisine. — Oui, ... ?

6. Je voudrais parler à M. Tanaka.
   — Il y a plusieurs Tanaka dans la société. .... voulez-vous parler?

C. Reliez les phrases avec PENDANT QUE et une proposition ou PENDANT et un nom, suivant le modèle. (pendant que または pendant を使って，ひとつの文にしなさい．)

Modèle : Sophie va chercher les clés. Ils déchargent la camionnette.
→ Sophie va chercher les clés *pendant qu'*ils déchargent la camionnette.
Sophie va chercher les clés *pendant* le déchargement de la camionnette.

1. Ils ont visité l'appartement. Le propriétaire était absent.

   ....

   ....

2. Daniel est arrivé. Christian chargeait la camionnette.

   ....

   ....

3. Sophie transporte les petits paquets. Ils démontent l'armoire.

   ....

   ....

4. Je garderai votre chien. Vous déménagerez.

   ....

   ....

VOCABULAIRE-EXPRESSIONS

— **Le logement (3) : les meubles, le mobilier** —

des meubles *modernes / anciens*
une table (*de cuisine / de salle à manger / de salon / de nuit*)
s'asseoir *sur une chaise / sur un canapé / dans un fauteuil*
une armoire, une commode
un buffet

un bureau, un secrétaire
une bibliothèque
un lit
une coiffeuse
un portemanteau
un lustre, un lampadaire, une applique, un spot, une lampe de chevet

[B-28] «Nous n'aimons pas le moderne. Nous n'avons que des meubles anciens chez nous.»
«La cuisine est trop petite ; il n'y a pas assez de place pour y mettre une table.»
«J'ai trouvé une chambre meublée dans le XIIIe. Il y a un lit, un bureau et une bibliothèque.»

APPLICATIONS

A. Vous êtes Sophie. Vous emménagez. Où allez-vous mettre chaque meuble?
（あなたがソフィだったら，家具をどこに置きますか？）

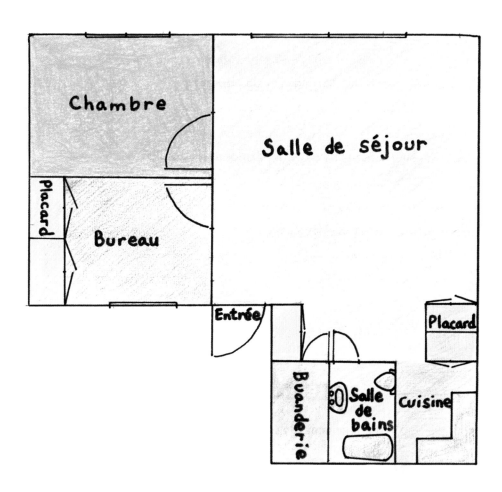

....

....

....

....

....

B . Jeu de rôles: Sophie, Christian, Daniel. —— Sophie explique à Christian et à Daniel comment elle envisage d'aménager son appartement. Christian et Daniel posent des questions et donnent leur avis. （寸劇：ソフィ，クリスチャン，ダニエル. —— ソフィはクリスチャンとダニエルに家具の配置を説明します．クリスチャンとダニエルは質問をし，意見を言います．)

I. **Parlez suivant le modèle.** (B-29)

Modèle : Il y a beaucoup de cartons. C'est ce que tu avais prévu ? (non)
— Non, je n'avais pas prévu qu'il y aurait autant de cartons.

1. Daniel est venu à 9 heures et demie. C'est ce qu'il t'avait dit ? (non, 9 heures)
— Non, il m'avait dit qu'il viendrait à 9 heures.

2. L'armoire n'est pas passée. Christian en était sûr ? (oui)
— Oui, il était sûr qu'elle ne passerait pas.

3. Le propriétaire a baissé le loyer. C'est ce que Sophie espérait ? (oui)
— Oui, elle espérait qu'il baisserait le loyer.

4. Sophie a dû passer l'aspirateur. C'est ce qu'elle avait prévu ? (oui)
— Oui, elle avait prévu qu'elle devrait passer l'aspirateur.

5. Christian a mal aux reins. C'est ce qu'il avait prévu ? (non)
— Non, il n'avait pas prévu qu'il aurait mal aux reins.

II. **Parlez suivant le modèle.** (B-30)

Modèle : Certains cartons vont dans la cuisine.
— Ah bon ? Lesquels ?

1. L'aspirateur est dans un des cartons.
— Ah bon ? Dans lequel ?

2. J'ai besoin de certains de ces dossiers.
— Ah bon ? Desquels ?

3. Il y a une émission intéressante, ce soir, à la télévision.
— Ah bon ? Laquelle ?

4. Pour ton déménagement, il y a plusieurs solutions.
— Ah bon ? Lesquelles ?

5. Je voudrais parler à un de vos employés.
— Ah bon ? Auquel ?

III. Parlez suivant le modèle. [B-31]

Modèle : Vous déchargez. Moi, je vais chercher la clé.

→ Je vais chercher la clé pendant que vous déchargez.

1. Vous transportez les cartons. Moi, je vais passer l'aspirateur.

   → Je vais passer l'aspirateur pendant que vous transportez les cartons.

2. Ils ont démonté l'armoire. Sophie s'est occupée des paquets.

   → Sophie s'est occupée des paquets pendant qu'ils démontaient l'armoire.

3. Ils sont allés rendre la camionnette. Sophie a fait du café.

   → Sophie a fait du café pendant qu'ils allaient rendre la camionnette.

4. Reposez-vous. Moi, je finis de ranger.

   → Je finis de ranger pendant que vous vous reposez.

5. Ils ont déménagé. Richard a dû rester à l'agence.

   → Richard a dû rester à l'agence pendant qu'ils déménageaient.

LECTURE-DICTÉE [B-32/33]

Le jour du déménagement est arrivé. Sophie n'avait pas prévu qu'il y aurait autant de cartons. La camionnette qu'elle a louée est trop petite. Christian et Daniel, qui sont venus l'aider, devront faire plusieurs voyages.

Ils arrivent rue du Commerce ; Sophie va chercher la clé à l'agence pendant qu'ils déchargent. Premier problème : l'armoire de Sophie est trop grande pour passer par la porte de l'ascenseur. Il n'y a plus qu'à la démonter.

Finalement, tout s'est bien passé, bien que Christian ait assez mal aux reins. Sophie leur offre un café et les invite à la pendaison de crémaillère, qui aura lieu le 21 du mois suivant, jour de son anniversaire.

9 Leçon neuf

JE VOUS FAIS UN PAQUET-CADEAU ?

DIALOGUE B-34 B-35

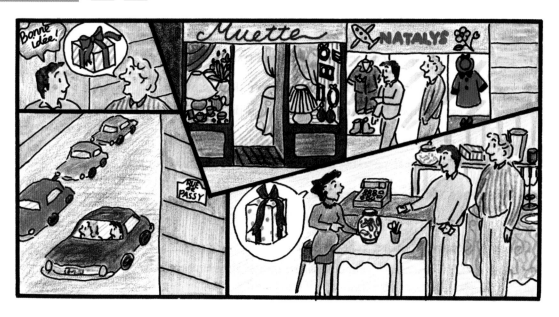

Daniel	: Si on faisait un cadeau commun pour l'anniversaire de Sophie? Quelque chose pour son appartement, par exemple...
Christian	: Bonne idée. Justement, je connais une boutique sympa. On y va?
(Plus tard)	
Christian	: Zut! Toutes les places sont prises!
Daniel	: Si tu essayais de te garer dans la petite rue, là?
Christian	: Pas de chance, c'est pareil. Bon, je vais me mettre sur les clous. C'est interdit, mais tant pis.
Daniel	: S'il y a un agent, tu vas te faire engueuler...
Christian	: On verra bien. Viens, c'est par ici. Elle n'est pas très connue, cette boutique, mais elle est très bien. Il y a beaucoup de choix.
Daniel	: Dis donc, tu sais si Nadine a été invitée?
Christian	: Oui, je crois. Mais au fait, et toi, tu ne devais pas partir samedi? Tu t'es arrangé avec le patron?
Daniel	: Oui. Il a été un peu surpris par ma demande, mais il a accepté. Je me suis fait remplacer par Aubrey.
(Un moment plus tard)	
La vendeuse	: Je vous fais un paquet-cadeau?
Christian	: Oui, s'il vous plaît. C'est pour offrir. *(à Daniel)* Je vais payer avec ma carte bleue. On fait moitié-moitié.
Daniel	: D'accord. Je te fais un chèque.

GRAMMAIRE

1. 示唆の表現 (*L'expression de la suggestion*) :
Si + 半過去 (*imparfait*) B-36

Si on *faisait* un cadeau commun pour l'anniversaire de Sophie ?

Si tu *essayais* de te garer dans la petite rue, là ?

Si nous *allions* voir ce film ce soir ?
(≒ Nous pourrions aller voir ce film ce soir...)

Si vous *cherchiez* un appartement en banlieue ?
(≒ Vous pourriez chercher un appartement en banlieue...)

1 条件文の条件節〈Si＋半過去〉を単独で用いると、「…したら（どうだろう）？」というような、やわらげた提案や示唆の表現になります。
〔なお、C'est la vie! ② の第8課で見たように、条件文の帰結節（＝条件法現在の動詞を含む主節）を単独で用いて同じような意味を表わすことができます。〕

2. 受動態 (*Le passif*) A-37

Toutes les places *sont prises* !

C'*est interdit*, mais tant pis.

Elle n'*est* pas très *connue*, cette boutique, mais elle est très bien.

Dis donc, tu sais si Nadine *a été invitée* ?

Il *a été* un peu *surpris* par ma demande, mais il a accepté.

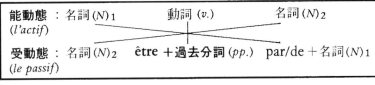

能動態 : 名詞(*N*)₁　　　動詞 (*v.*)　　　名詞(*N*)₂
(*l'actif*)
受動態 : 名詞(*N*)₂　être ＋過去分詞(*pp.*)　par/de ＋名詞(*N*)₁
(*le passif*)

Sophie *loue* cet appartement.
→ Cet appartement *est loué* par Sophie.

Sophie *a invité* Nadine.
→ Nadine *a été invitée* par Sophie.

Tout le monde *connaît* cette boutique.
→ Cette boutique *est connue* de tout le monde.

On ne peut pas entrer : la porte *est fermée.*
(≒ Quelqu'un a fermé la porte.)

2 能動態と受動態は左の表のような関係になります。

◆能動態の直接目的語が受動態の主語になります（間接目的語を主語にすることはできません）。

◆受動態の時制は être の活用形で示します。être の後の過去分詞は主語の性・数に一致させます。

◆「〜に（よって）」は一般に〈par 〜〉ですが、「知られている」のような状態の表現では〈de 〜〉を使います（必要がなければ省略します）。

◆受動態が「行為の結果としての状態」を表わすことがあります。この場合、受動態の現在形は能動態の複合過去形に対応します：「扉が閉まっている」≒「誰かが扉を閉めた」。

3. se faire ＋不定詞 (*Vinf.*) B-38

Je *me suis fait remplacer* par Aubrey.

S'il y a un agent, tu vas *te faire engueuler*...

Daniel *s'est fait remplacer* par Aubrey.
(≒ Daniel a demandé à Aubrey de le remplacer.)

Christian va *se faire engueuler* par un agent.
(≒ Christian va être engueulé par un agent.)

3 〈se faire ＋ 不定詞〉は元来、「（〜に頼んで）…してもらう」という再帰的な使役表現ですが、「（〜に）…される」という受動表現としても使われます。

◆se が不定詞の間接目的語のこともあります：Elle se fait faire un gâteau par sa mère. (≒ Elle demande à sa mère de lui faire un gâteau.)「彼女は母親にケーキを作ってもらう」。

A. Transformez les phrases en utilisant SI et l'imparfait de l'indicatif, suivant le modèle.
(〈Si ＋半過去〉を使った文に書き変えなさい.)

Modèle : Tu pourrais essayer de te garer dans cette rue...
→ *Si* tu *essayais* de te garer dans cette rue?

1. Tu pourrais inviter Nadine pour ton anniversaire...
.... ?

2. On pourrait offrir un vase à Sophie comme cadeau d'anniversaire...
.... ?

3. Tu pourrais te faire remplacer par Aubrey, par exemple...
.... ?

4. Vous pourriez payer par chèque. Je vous rembourserais après...
.... ? Je vous rembourserais après...

5. Nous pourrions aller voir dans cette boutique : il y a beaucoup de choix...
.... ? Il y a beaucoup de choix...

B. Mettez les phrases au passif, avec ou sans complément d'agent, suivant le modèle.
(受動態の文に書き変えなさい.)

Modèle : Ma demande a surpris le patron. (par)
→ Le patron *a été surpris par* ma demande.

1. À « Actuellement », tout le monde apprécie le travail de Christian. (de)
....

2. Sophie a invité Nadine pour son anniversaire. (par)
....

3. Quelques dizaines de personnes seulement connaissent ce club de jazz. (de)
....

4. La qualité du reportage de Sophie a impressionné le patron. (par)
....

5. Quelqu'un occupe cette place.
....

C. Transformez les phrases en utilisant SE FAIRE + INFINITIF, suivant les modèles.
(〈se faire ＋不定詞〉を使った文に書き変えなさい.)

Modèle 1 : Daniel a demandé à Aubrey de le remplacer.
→ Daniel *s'est fait remplacer* par Aubrey.

Modèle 2 : Christian va être sermonné par un agent de police.
→ Christian va *se faire sermonner* par un agent de police.

1. Sophie a demandé à Christian et à Daniel de l'aider.
   ....

2. Cette équipe va sans doute être battue.
   ....

3. Sophie a demandé à une couturière de son quartier de lui faire une robe.
   ....

4. Ce piéton a été renversé par une voiture.
   ....

5. Elle a demandé à son mari de lui offrir un sac.
   ....

VOCABULAIRE-EXPRESSIONS

— Les achats, les moyens de paiement —

un supermarché, un hypermarché,
    une grande surface
un grand magasin, un magasin, une boutique
une vitrine
un rayon, un étalage
un vendeur [une vendeuse]
la caisse, un caissier [une caissière]
un reçu

faire *les* (= *ses*) *courses*
faire *des courses* (= *des achats*)
faire une course
payer (= régler) *en espèces* (= *en liquide*) /
    par chèque / par chèque de voyage
    (= *par traveller's check*) /
    par carte de crédit / avec la carte bleue
faire un chèque
payer *comptant / à crédit*

B-39 ≪Dites-moi, où se trouvent les aspirateurs, s'il vous plaît?
— Au troisième, au rayon électroménager.≫
≪Vous faites vos courses tous les jours?
— Non, le samedi seulement. Nous allons dans un hypermarché et nous faisons nos courses
pour la semaine.≫
≪Vous réglez par chèque ou en espèces?
— Je vous fais un chèque.≫

A. Vous allez faire des courses dans un grand magasin. Qu'est-ce que vous achetez ?
Ça coûte combien ? Comment réglez-vous ?

（デパートへ買い物に行きます．何を買いますか？　値段は？　支払い方法は？）

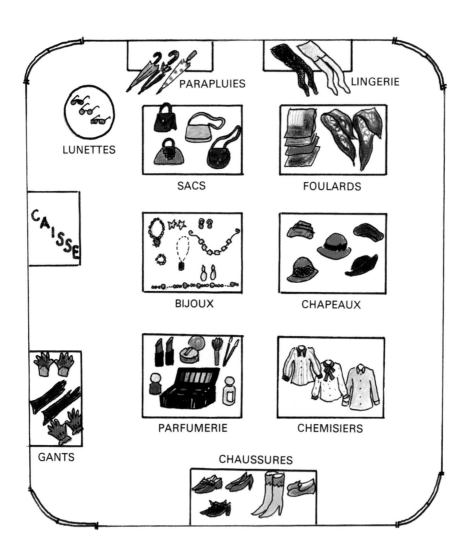

....

....

....

B. Jeu de rôles: Christian, Daniel, une ou plusieurs vendeuses, une caissière. ————
Christian et Daniel s'adressent à une ou plusieurs vendeuses de rayons différents, en
cherchant un cadeau pour Sophie. Enfin, ils choisissent quelque chose et ils paient
à la caisse. (寸劇：クリスチャン，ダニエル，店員，レジ係．——クリスチャンとダニエルは，ソフィ
へのプレゼントを探しながら，いろいろな売り場の店員に話しかけます．最後に，品物を選んで，レジで
支払いをします．)

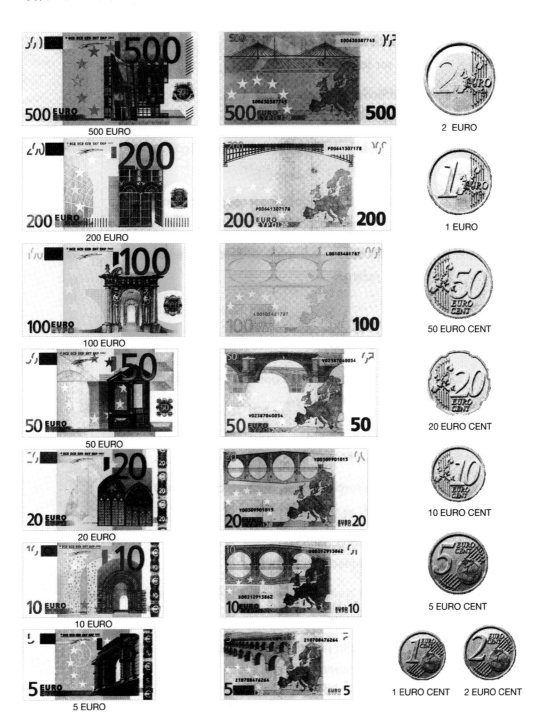

I. **Parlez suivant le modèle.** B-40

   Modèle : Suggérez à Christian de faire un cadeau commun pour l'anniversaire de Sophie.

   → Et si on faisait un cadeau commun pour l'anniversaire de Sophie ?

1. Suggérez à Christian de se garer sur les clous.

   → Et si tu te garais sur les clous ?

2. Suggérez à Sophie d'inviter Nadine.

   → Et si tu invitais Nadine ?

3. Suggérez à Daniel de demander à Aubrey de le remplacer.

   → Et si tu demandais à Aubrey de te remplacer ?

4. Suggérez à Christian et à Daniel d'offrir un vase à Sophie.

   → Et si vous offriez un vase à Sophie ?

5. Vous partez acheter le cadeau de Sophie. Suggérez à Daniel d'y aller en métro.

   → Et si on y allait en métro ?

II. **Parlez suivant le modèle.** B-41

   Modèle : Tout le monde connaît cette boutique ? (non)

   — Non, elle n'est pas très connue.

1. Sophie a invité le rédacteur en chef ? (non)

   — Non, il n'a pas été invité.

2. La demande de Daniel a surpris le rédacteur en chef ? (oui)

   — Oui, il a été surpris par sa demande.

3. Aubrey va remplacer Daniel ? (oui)

   — Oui, Daniel va être remplacé par Aubrey.

4. À « Actuellement », c'est Nadine qui assiste le rédacteur en chef ? (Oui)

   — Oui, il est assisté par Nadine.

5. C'est le rédacteur en chef qui prend les grandes décisions ? (Oui)

   — Oui, les grandes décisions sont prises par lui.

III. Parlez suivant le modèle. (B-42)

Modèle : Tu as demandé à Aubrey de te remplacer ?

— Oui, je me suis fait remplacer par Aubrey.

1. Vous avez demandé à Sophie de vous inviter tous les deux ?

— Oui, on s'est fait inviter par Sophie.

2. Pour ton déménagement, tu as demandé à un ami de te prêter une camionnette ?

— Oui, je me suis fait prêter une camionnette par un ami.

3. Et tu as demandé à Christian et à Daniel de t'aider ?

— Oui, je me suis fait aider par Christian et Daniel.

4. Sophie a demandé à sa mère de lui faire des rideaux ?

— Oui, elle s'est fait faire des rideaux par sa mère.

5. Elle a demandé à ses parents de lui offrir une table de salon ?

— Oui, elle s'est fait offrir une table de salon par ses parents.

LECTURE-DICTÉE (B-43/44)

L'anniversaire de Sophie approche, et Daniel suggère à Christian de lui faire un cadeau commun. L'idée lui plaît et il emmène Daniel dans une boutique qu'il connaît. Comme toutes les places sont prises dans le quartier, ils sont obligés de se garer sur les clous. En chemin, ils bavardent. Daniel se demande si Nadine a été invitée. Quant à lui, il devait en principe s'absenter pour faire un reportage cette semaine-là, mais il a réussi à se faire remplacer par un collègue.

LA VIE EST BELLE !

DIALOGUE B-45 B-46

Sophie   : Ah! Vous voilà! Vous auriez pu arriver plus tôt, quand même!

Daniel   : On a picolé dans un bar...

Sophie   : Vous exagérez! Oh! Les jolies fleurs! Merci, c'est gentil.

Christian   : Tiens, c'est de la part de Daniel et moi. Bon anniversaire!

Sophie   : Oh! Qu'est-ce que c'est? Mmm... c'est lourd! *(Elle ouvre le paquet)* Oh! Un vase! Il est magnifique! Vous avez fait une folie! Vous n'auriez pas dû. Merci mille fois.

(Plus tard dans la soirée)

Christian   : Il est bien arrangé, ton appartement. Très chouette!

Sophie   : Oui, mais, si j'avais pu, j'aurais choisi un autre papier pour le living. Le propriétaire n'a aucun goût!

Christian   : Oui, c'est vrai, c'est pas terrible. On aurait dû t'offrir des gravures pour mettre au mur. Elles auraient caché le papier.

Sophie   : Mais non! J'adore ce vase. Et merci encore pour le déménagement. Sans vous, je n'y serais pas arrivée.

Daniel   : Eh! Christian, goûte un peu ce bordeaux. Il est extra! Bravo pour ton buffet, Sophie! C'est délicieux.

Sophie   : Oh, je n'ai aucun mérite: j'ai tout commandé chez un traiteur.

Daniel   : Aucune importance, puisque c'est bon. Ah! Voilà le gâteau!

Tous   : Joyeux anniversaire! *(Sophie souffle les bougies)* Bravo!

Daniel   : Champagne?

Christian   : Oh oui! Moi, le champagne, j'adore ça. C'est mon point faible...

Sophie   : Eh bien, vous deux, vous avez l'air bien gais...

Christian   : Ça va super bien! Ah... quand même, la vie est belle, hein!

GRAMMAIRE

1. 条件法過去 ― 作り方，用法① B-47
(Le conditionnel passé – formation, emploi 1)

Oui, mais, si j'avais pu, j'*aurais choisi* un autre papier pour le living.

On *aurait dû* t'offrir des gravures pour mettre au mur. Elles *auraient caché* le papier.

Sans vous, je n'y *serais* pas *arrivée*.

作り方 *(Formation)*

> 条件法過去 ＝ 助動詞の条件法現在 ＋ 過去分詞
> *(Le cond. passé = le cond. présent de l'auxiliaire + p.p.)*

用法 *(Emploi)*：過去の非現実な事柄 *(Irréel du passé)*

> Si ＋大過去 *(plus-que-parfait)*, 条件法過去 *(cond. passé)*

Si Christian et Daniel ne *s'étaient pas arrêtés* dans un bar, ils *seraient arrivés* plus tôt.

Ils auraient dû offrir des gravures à Sophie. Elles *auraient caché* le papier.

2. 条件法過去 ― 用法② *(Le conditionnel passé – emploi 2)* B-48

Vous *auriez pu* arriver plus tôt, quand même!

Vous n'*auriez* pas *dû*.

On *aurait dû* t'offrir des gravures pour mettre au mur.

(1) 後になってからの助言 *(Conseil a posteriori)*

Tu *aurais dû* prendre un taxi, tu serais arrivé à temps.

(2) 非難 *(Reproche)*

Tu *aurais pu* (Tu *aurais dû*) me prévenir!

(3) 後悔 *(Regret)*

J'*aurais dû* lui en parler...

3. aucun, aucune B-49

Le propriétaire n'a *aucun* goût!

Oh, je n'ai *aucun* mérite: j'ai tout commandé chez un traiteur.

Aucune importance, puisque c'est bon.

(1) 不定形容詞 *(adjectif indéfini)*

Aucun invité n'est encore arrivé.

Ce cadeau lui fera plaisir? — Sans *aucun* doute.

(2) 不定代名詞 *(pronom indéfini)*

Et les invités? — *Aucun* n'est encore arrivé.

Tu as lu ces revues? — Non, je n'en ai lu *aucune*.

---

1 条件法過去は〈助動詞の条件法現在＋過去分詞〉です。

◆条件法過去の代表的な用法は，「もし…だったならば…だったろう」と過去の非現実な事柄を表わすもので，従節（＝条件節）に〈Si＋大過去〉を，主節（＝帰結節）に条件法過去を用います。

◆条件節の代わりに〈Sans～〉などの表現を使うこともあり，また，左の2番目の用例（＝複製画を贈るべきだった.（もしそうしていれば）その複製画が壁をかくしただろうに）のように，文脈や状況で条件がわかることもあります。

2 条件法過去を含む帰結節を単独で用いて，実現しなかった事柄に関する感情を表現することができます（たとえば，「…すべきだったのだが」，「…できただろうに」）。ここでは代表的な3つのタイプに分類しました。

3 aucun, aucune は否定を表わす不定形容詞[代名詞]で ne または sans と共に用います：「どんな～も [どれも]…ない」。

◆形容詞のときは，数えられる名詞および抽象名詞の前に置きます（物質名詞と一緒には使いません）。

◆不定代名詞として，すでに述べられた人や物を受けることができます．直接目的語のときは代名詞の en が必要です。

A. Faites des phrases hypothétiques en utilisant le conditionnel passé (irréel du passé), suivant le modèle. (条件法過去を使った文に書き変えなさい.)

Modèle : C'est parce qu'ils ont aidé Sophie qu'elle y est arrivée?
　　　　　— Oui, s'ils ne l'avaient pas aidée, elle n'y serait pas arrivée.

1. C'est parce qu'ils se sont arrêtés dans un bar qu'ils sont arrivés en retard?
　　— Oui, ...

2. C'est parce qu'elle n'a pas eu le temps que Sophie n'a pas préparé elle-même le buffet?
　　— Oui, ...

3. C'est parce qu'Aubrey l'a remplacé que Daniel a pu venir chez Sophie?
　　— Oui, ...

4. C'est parce qu'elle a obtenu une réduction que Sophie a signé le contrat?
　　— Oui, ...

B. Mettez les phrases au passé et dites s'il s'agit d'un conseil a posteriori (CP), d'un reproche (RP) ou d'un regret (RG), suivant le modèle.
(過去の文に書き変え，その文が『後になっての助言』(CP)，『非難』(RP)，『後悔』(RG)のどれを表わしているかを答えなさい.)

Modèle : Vous ne devriez pas m'offrir un aussi beau cadeau!
　　　　　→ Vous n'auriez pas dû m'offrir un aussi beau cadeau! (RP)

1. Je devrais acheter une moto, je perdrais moins de temps.
　　...

2. Vous feriez mieux d'en parler au patron, il pourrait vous aider.
　　...

3. Tu ne devrais pas prendre un appartement aussi cher.
　　...

4. Tu pourrais m'écrire plus souvent, tout de même!
　　...

5. On ferait mieux d'offrir des gravures à Sophie.
　　...

C. Exprimez le contraire des énoncés, en utilisant AUCUN(E), suivant le modèle.

(aucun, aucune を使った否定文に書き変えなさい.)

Modèle : Elle a beaucoup de mérite.
→ Elle n'a *aucun* mérite.

1. Cette affaire a beaucoup d'importance.

   ....

2. Tous les invités sont arrivés.

   ....

3. Ils ont démonté l'armoire avec beaucoup de difficulté.

   ....

4. Quelques-uns de ses amis l'ont aidée à déménager.

   ....

VOCABULAIRE-EXPRESSIONS

— Les souhaits —

l'anniversaire (de...)	Pâques
la fête (de...)	le nouvel an
Noël	(= le jour de l'an = le premier de l'an)

B-50 «Bon anniversaire! (= Joyeux anniversaire! Heureux anniversaire!)»

«Bonne fête! (= Joyeuse fête!)»

«Joyeux Noël!»

«Bonne année!»

«Meilleurs vœux! (= Tous mes vœux!)»

«Joyeuses Pâques!»

«Je vous souhaite un joyeux Noël.»

«Je vous souhaite *une très bonne année* [*de très bonnes fêtes de fin d'année*].»

A. Vous écrivez à un(e) ami(e) français(e), pour lui envoyer vos vœux de fin d'anné (Noël et Nouvel An). （フランス人の友人にクリスマスと新年の挨拶状を書きましょう.）

B. Un(e) ami(e) français(e) va bientôt fêter son anniversaire. Écrivez-lui une carte à cette occasion. （フランス人の友人がもうすぐ誕生日をむかえます．カードを書きましょう．）

I. **Parlez suivant le modèle.** (B-51)

Modèle : C'est grâce à Christian et à Daniel que Sophie y est arrivée ?
— Oui. Sans eux, elle n'y serait pas arrivée.

1. C'est grâce à leur aide que le déménagement s'est bien passé ?
— Oui. Sans leur aide, il ne se serait pas si bien passé.

2. C'est grâce à Christian que tu as trouvé cet appartement ?
— Oui. Sans lui, je ne l'aurais pas trouvé.

3. C'est grâce à l'intervention de Richard que Sophie a obtenu cette baisse du loyer ?
— Oui. Sans son intervention, elle ne l'aurait pas obtenue.

4. C'est grâce à cette augmentation de salaire que tu as pu déménager ?
— Oui. Sans cette augmentation, je n'aurais pas pu déménager.

5. Alors Sophie, c'est grâce à moi que tu es aussi bien installée, hein ?
— Eh oui ! Sans toi, je ne serais pas aussi bien installée.

II. **Parlez suivant les modèles.** (B-52)

Modèle 1 : Reprochez à Christian et à Daniel de ne pas être arrivés plus tôt.
→ Vous auriez pu arriver plus tôt, quand même !

Modèle 2 : Reprochez à vos amis de vous avoir offert un cadeau si cher.
→ Vous n'auriez pas dû m'offrir un cadeau si cher !

1. Reprochez à Christian et à Daniel de s'être arrêtés dans un bar.
→ Vous n'auriez pas dû vous arrêter dans un bar !

2. Reprochez à Christian de ne pas vous avoir envoyé de fax.
→ Tu aurais pu m'envoyer un fax, quand même !

3. Reprochez à Sophie d'avoir fait autant de frais.
→ Tu n'aurais pas dû faire autant de frais.

4. Reprochez à Daniel de ne pas avoir demandé son congé plus tôt.
→ Vous auriez pu demander votre congé plus tôt, quand même !

5. Reprochez à Sophie de ne pas vous avoir rendu ce dossier plus tôt.
→ Vous auriez pu me rendre ce dossier plus tôt, quand même !

III. Parlez suivant le modèle. (B-53)

Modèle : Christian regrette de ne pas avoir offert des gravures à Sophie. Écoutez-le.
→ On aurait dû t'offrir des gravures.

1. Vous regrettez de ne pas avoir demandé d'augmentation à votre patron. Parlez.
   → J'aurais dû demander une augmentation à mon patron.

2. Vous regrettez de ne pas avoir loué une camionnette plus grande. Parlez.
   → J'aurais dû louer une camionnette plus grande.

3. Avec Daniel, vous regrettez de ne pas être arrivés plus tôt. Parlez.
   → On aurait dû arriver plus tôt.

4. Vous regrettez de ne pas avoir acheté plus de champagne. Parlez.
   → J'aurais dû acheter plus de champagne.

LECTURE-DICTÉE (B-54/55)

C'est le jour de l'anniversaire de Sophie. Christian et Daniel, qui se sont arrêtés dans un bar, arrivent les derniers. Sophie leur fait quelques reproches, vite oubliés devant les fleurs et le beau vase qu'ils lui offrent. Christian lui fait des compliments sur la décoration de l'appartement. Sophie regrette beaucoup de ne pas avoir pu choisir elle-même le papier de la salle de séjour. Elle trouve que le propriétaire n'a aucun goût.

Pour cette petite fête, Sophie a bien fait les choses. Le buffet, commandé chez un traiteur, est délicieux, les vins aussi. Christian, qui a un faible pour le champagne, est en pleine euphorie. La vie est belle !

動 詞 活 用 一 覧

単純時制と複合時制

助動詞の
| 不定詞(単純形) | 直 説 法 現 在 | 直 説 法 半 過 去 | 直説法単純未来 | 条 件 法 現 在 | 接 続 法 現 在 | +過去分詞= | 不 定 詞 複 合 形 | 直説法複合過去 | 直 説 法 大 過 去 | 直 説 法 前 未 来 | 条 件 法 過 去 | 接 続 法 過 去 |

(助動詞の〔不定詞(単純形)／直説法現在／直説法半過去／直説法単純未来／条件法現在／接続法現在〕＋過去分詞＝〔不定詞複合形／直説法複合過去／直説法大過去／直説法前未来／条件法過去／接続法過去〕)

単純時制の活用語尾

	直 説 法 現 在	直 説 法 半 過 去	直 説 法 単純未来	条 件 法 現 在	接 続 法 現 在	命 令 形
je	-e ¦ -s(-x)	-ais	-rai	-rais	-e	
tu	-es ¦ -s(-x)	-ais	-ras	-rais	-es	-e ¦ -s
il	-e ¦ 〔-t〕	-ait	-ra	-rait	-e	
nous	-ons	-ions	-rons	-rions	-ions	-ons
vous	-ez	-iez	-rez	-riez	-iez	-ez
ils	-ent	-aient	-ront	-raient	-ent	

不定詞 現在分詞 過去分詞	直 説 法 現 在	直 説 法 半 過 去	直説法単純未来 ---------- 条 件 法 現 在	接 続 法 現 在	同型活用の動詞
① **donner** donnant donné	je donne tu donnes il donne n. donnons v. donnez ils donnent	je donnais tu donnais il donnait n. donnions v. donniez ils donnaient	je donnerai … je donnerais …	je donne tu donnes il donne n. donnions v. donniez ils donnent	第1群規則動詞 不定詞が -er で終る 動詞の大部分（⑤ aller, および⑦〜⑮ は特殊な活用）
② **finir** finissant fini	je finis tu finis il finit n. finissons v. finissez ils finissent	je finissais tu finissais il finissait n. finissions v. finissiez ils finissaient	je finirai … je finirais …	je finisse tu finisses ils finisse n. finissions v. finissiez ils finissent	第2群規則動詞 不定詞が -ir で終る 動詞の大部分（⑯, ⑰, ㉑, ㊳, ㊾を除 く）
③ **avoir** ayant eu	j' ai tu as il a n. avons v. avez ils ont	j' avais tu avais il avait n. avions v. aviez ils avaient	j' aurai … j' aurais …	j' aie tu aies il ait n. ayons v. ayez ils aient	命令形は, aie, ayons, ayez
④ **être** étant été	je suis tu es il est n. sommes v. êtes ils sont	j' étais tu étais il était n. étions v. étiez ils étaient	je serai … je serais …	je sois tu sois il soit n. soyons v. soyez ils soient	命令形は, sois, soyons, soyez
⑤ **aller** allant allé	je vais tu vas il va n. allons v. allez ils vont	j' allais tu allais il allait n. allions v. alliez ils allaient	j' irai … j' irais …	j' aille tu ailles il aille n. allions v. alliez ils aillent	
⑥ **faire** faisant fait	je fais tu fais il fait n. faisons v. faites ils font	je faisais tu faisais il faisait n. faisions v. faisiez ils faisaient	je ferai … je ferais …	je fasse tu fasses il fasse n. fassions v. fassiez ils fassent	défaire refaire satisfaire

不定詞 現在分詞 過去分詞	直説法現在	直説法半過去	直説法単純未来 ------------------ 条件法現在	接続法現在	同型活用の動詞
⑦ **commencer** commençant commencé	je **commence** n. **commençons** ils commencent	je commençais n. commencions	je commencerai ------------------ je commencerais	je commence n. commencions ils commencent	-cer で終る動詞
⑧ **manger** mangeant mangé	je **mange** n. **mangeons** ils mangent	je mangeais n. mangions	je mangerai ------------------ je mangerais	je mange n. mangions ils mangent	-ger で終る動詞
⑨ **acheter** achetant acheté	j' **achète** n. **achetons** ils *achètent*	j' achetais n. achetions	j' **achèterai** ------------------ j' achèterais	j' achète n. achetions ils achètent	-e□er で終る動詞の 多く (⑩を除く)
⑩ **appeler** appelant appelé	j' **appelle** n. **appelons** ils *appellent*	j' appelais n. appelions	j' **appellerai** ------------------ j' appellerais	j' appelle n. appelions ils appellent	rappeler jeter rejeter
⑪ **espérer** espérant espéré	j' **espère** n. **espérons** ils *espèrent*	j' espérais n. espérions	j' espérerai ------------------ j' espérerais	j' espère n. espérions ils espèrent	-é□er で終る動詞
⑫ **payer** payant payé	je **paie** **(paye)** n. **payons** ils *paient* (payent)	je payais n. payions	je **paierai** (payerai) ------------------ je paierais (payerais)	je paie (paye) n. payions ils paient (payent)	-ayer で終る動詞
⑬ **essuyer** essuyant essuyé	j' **essuie** n. **essuyons** ils *essuient*	j' essuyais n. essuyions	j' **essuierai** ------------------ j' essuierais	j' essuie n. essuyions ils essuient	-uyer で終る動詞
⑭ **nettoyer** nettoyant nettoyé	je **nettoie** n. **nettoyons** ils *nettoient*	je nettoyais n. nettoyions	je **nettoierai** ------------------ je nettoierais	je nettoie n. nettoyions ils nettoient	-oyerで終る動詞 (⑮ を除く)
⑮ **envoyer** envoyant envoyé	j' **envoie** n. **envoyons** ils *envoient*	j' envoyais n. envoyions	j' **enverrai** ------------------ j' enverrais	j' envoie n. envoyions ils envoient	renvoyer
⑯ **ouvrir** ouvrant ouvert	j' **ouvre** n. **ouvrons** ils ouvrent	j' ouvrais n. ouvrions	j' ouvrirai ------------------ j' ouvrirais	j' ouvre n. ouvrions ils ouvrent	couvrir entrouvrir offrir
⑰ **courir** courant couru	je **cours** n. **courons** ils courent	je courais n. courions	je **courrai** ------------------ je courrais	je coure n. courions ils courent	accourir parcourir
⑱ **rire** riant ri	je **ris** n. rions ils rient	je riais n. riions	je rirai ------------------ je rirais	je rie n. riions ils rient	sourire
⑲ **connaître** connaissant connu	je **connais** il connaît n. **connaissons** ils connaissent	je connaissais n. connaissions	je connaîtrai ------------------ je connaîtrais	je connaisse n. connaissions ils connaissent	reconnaître paraître apparaître disparaître
⑳ **naître** naissant né	je **nais** il naît n. **naissons** ils naissent	je naissais n. naissions	je **naîtrai** ------------------ je naîtrais	je naisse n. naissions ils naissent	
㉑ **partir** partant parti	je **pars** n. **partons** ils partent	je partais n. partions	je partirai ------------------ je partirais	je parte n. partions ils partent	-mir, -tir, -vir で終る 動詞の多く

不定詞 現在分詞 過去分詞	直説法現在	直説法半過去	直説法単純未来 ------ 条件法現在	接続法現在	同型活用の動詞
㉒ **vivre** vivant vécu	je **vis** n. **vivons** ils vivent	je vivais n. vivions	je vivrai ------ je vivrais	je vive n. vivions ils vivent	survivre
㉓ **suivre** suivant suivi	je **suis** n. **suivons** ils suivent	je suivais n. suivions	je suivrai ------ je suivrais	je suive n. suivions ils suivent	poursuivre
㉔ **écrire** écrivant écrit	j' **écris** n. **écrivons** ils écrivent	j' écrivais n. écrivions	j' écrirai ------ j' écrirais	j' écrive n. écrivions ils écrivent	décrire inscrire
㉕ **attendre** attendant attendu	j' **attends** il attend n. **attendons** ils attendent	j' attendais n. attendions	j' attendrai ------ j' attendrais	j' attendé n. attendions ils attendent	-endre, -andre, -ondre, -rdre で終る 動詞(㊽を除く)
㉖ **mettre** mettant mis	je **mets** il met n. **mettons** ils mettent	je mettais n. mettions	je mettrai ------ n. mettrais	je mette n. mettions ils mettent	admettre permettre promettre remettre
㉗ **battre** battant battu	je **bats** il bat n. **battons** ils battent	je battais n. battions	je battrai ------ je battrais	je batte n. battions ils battent	abattre combattre
㉘ **lire** lisant lu	je **lis** n. **lisons** ils lisent	je lisais n. lisions	je lirai ------ je lirais	je lise n. lisions ils lisent	élire relire
㉙ **dire** disant dit	je **dis** n. **disons** v. **dites** ils disent	je disais n. disions	je dirai ------ je dirais	je dise n. disions ils disent	interdire（ただし, 直現 v. interdisez）
㉚ **conduire** conduisant conduit	je **conduis** n. **conduisons** ils conduisent	je conduisais n. conduisions	je conduirai ------ je conduirais	je conduise n. conduisions ils conduisent	-uire で終る動詞(た だし nuire の過分は nui)
㉛ **suffire** suffisant suffi	je **suffis** n. **suffisons** ils suffisent	je suffisais n. suffisions	je suffirai ------ je suffirais	je suffise n. suffisions ils suffisent	
㉜ **plaire** plaisant plu	je **plais** il plaît n. **plaisons** ils plaisent	je plaisais n. plaisions	je plairai ------ je plairais	je plaise n. plaisions ils plaisent	déplaire taire（ただし, 直現 il tait）
㉝ **plaindre** plaignant plaint	je **plains** n. **plaignons** ils plaignent	je plaignais n. plaignions	je plaindrai ------ je plaindrais	je plaigne n. plaignions ils plaignent	-aindre, -eindre, -oindre で終る動詞
㉞ **vaincre** vainquant vaincu	je **vaincs** il vainc n. **vainquons** ils vainquent	je vainquais n. vainquions	je vaincrai ------ je vaincrais	je vainque n. vainquions ils vainquent	convaincre
㉟ **savoir** sachant su	je **sais** n. **savons** ils savent	je savais n. savions	je **saurai** ------ je saurais	je **sache** n. sachions ils sachent	命令形は, sache, sachons, sachez
㊱ **valoir** valant valu	je **vaux** n. **valons** ils valent	je valais n. valions	je **vaudrai** ------ je vaudrais	je **vaille** n. **valions** ils vaillent	

不定詞 現在分詞 過去分詞	直説法現在	直説法半過去	直説法単純未来 条件法現在	接続法現在	同型活用の動詞
㊲ **falloir** fallu	il **faut**	il fallait	il **faudra** il faudrait	il **faille**	
㊳ **mourir** mourant mort	je **meurs** n. **mourons** ils *meurent*	je mourais n. mourions	je **mourrai** je mourrais	je meure n. mourions ils meurent	
㊴ **voir** voyant vu	je **vois** n. **voyons** ils *voient*	je voyais n. voyions	je **verrai** je verrais	je voie n. voyions ils voient	revoir
㊵ **croire** croyant cru	je **crois** n. **croyons** ils *croient*	je croyais n. croyions	je croirai je croirais	je croie n. croyions ils croient	
㊶ **asseoir** asseyant (assoyant) assis	j' **assieds** **(assois)** il assied (assoit) n. **asseyons** **(assoyons)** ils asseyent *(assoient)*	j' asseyais (assoyais) n. asseyions (assoyions)	j' **assiérai** **(assoirai)** j' assiérais (assoirais)	j' asseye (assoie) n. asseyions (assoyions) ils asseyent (assoient)	
㊷ **boire** buvant bu	je **bois** n. **buvons** ils **boivent**	je buvais n. buvions	je boirai je boirais	je boive n. buvions ils boivent	
㊸ **devoir** devant dû *(due, dus, dues)*	je **dois** n. **devons** ils **doivent**	je devais n. devions	je **devrai** je devrais	je doive n. devions ils doivent	
㊹ **recevoir** recevant reçu	je **reçois** n. **recevons** ils **reçoivent**	je recevais n. recevions	je **recevrai** je recevrais	je reçoive n. recevions ils reçoivent	apercevoir
㊺ **vouloir** voulant voulu	je **veux** n. **voulons** ils **veulent**	je voulais n. voulions	je **voudrai** je voudrais	je **veuille** n. **voulions** ils veuillent	命令形は, veuille, veuillons, veuillez
㊻ **pouvoir** pouvant pu	je **peux**(puis) n. **pouvons** ils **peuvent**	je pouvais n. pouvions	je **pourrai** je pourrais	je **puisse** n. puissions ils puissent	
㊼ **pleuvoir** pleuvant plu	il **pleut**	il pleuvait	il **pleuvra** il pleuvrait	il **pleuve**	
㊽ **prendre** prenant pris	je **prends** il prend n. **prenons** ils **prennent**	je prenais n. prenions	je prendrai je prendrais	je prenne n. prenions ils prennent	apprendre comprendre reprendre surprendre
㊾ **venir** venant venu	je **viens** n. **venons** ils **viennent**	je venais n. venions	je **viendrai** je viendrais	je vienne n. venions ils viennent	tenir -venir, -tenir で終る動詞

セラヴィ3
C'est la vie! 3

著　者

©

元早稲田大学教授
倉方　秀憲

元奥羽大学教授
Thierry TROUDE

著者承認検印廃止

1992年　2月　1日　初版発行
2020年　4月 10日　3 版発行

定価本体　　2,500円（税別）

発行者　　山﨑　雅昭
印刷所　　音羽印刷株式会社
製本所　　壺屋製本株式会社

発行所　（有）早美出版社

〒198-0046　東京都青梅市日向和田2－379番地
TEL.FAX. 0428(27)0995
振替　東京00160-3-100140

ISBN978-4-86042-092-5 C3085 ¥2500E
http: // www.sobi-shuppansha.com